JN070932

イラストと図解でよくわかる

対人援助職のための相談支援スキル図鑑

下園壮太・伊藤文 著

中央法規

はじめに

本書を手に取った皆さんは、対人援助の仕事にかかわっている方々だと思います。そして、きっと、対人援助を行いながら、対人関係について多かれ少なかれ悩んでいるのでしょう。

私たちの行う「対人援助」とは何でしょうか。

「援助」とは、困っている人を助けることです。例えば、ネット通販で購入した食料が届くのも援助といえますが、「対人援助」という感じではありませんね。

「対人」とは、「人に対して〜」と、「人が」の要素があり、それが有料か無料かは問いません。医療、介護、相談支援だけでなく、マッサージやエステティックなどの施術、ホテルやデパートでの接客なども「対人援助」といえるでしょう。

こう考えると、「対人援助」とは、「コミュニケーションを伴いながら何らかの援助を提供すること」だと定義できそうです。

サービスの内容、つまり医療・介護の技術や知識、マッサージスキル、おもてなし（ホスピタリティ）、商品知識、職人の技術などは、自分自身で勉強できますが、その一方で難しいのがコミュニケーションの部分です。

提供するサービスの内容がいくらよくても、コミュニケーションが悪ければ、相手が受ける印象も悪くなってしまいます。

どんなにおいしい料理を出されても、店内が不衛生だったり、無礼な接客を受けたりすれば、料理も何だかまずく感じて、その店には二度と行きたくないと思うでしょう。

傷の手当てをしてもらうときに、優しい表情で「痛みはどうですか？」「少しずつよくなっていきますからね」などと声をかけてもらいながら手当てしてもらうのと、無表情でつっけんどんに手当てしてもらうのでは、どちらがよいですか？　どんなに消毒の仕方、包帯の巻き方が優れていても、受ける印象が悪いために受診を控えたりすれば、ひいては治療効果にも影響があるかもしれません。

もう一度いいます。対人援助とは、コミュニケーションを伴いながら行う援助です。そう考えると、対人援助に悩む皆さんの困り事の多くはコミュニケーションによる問題だといえそうです。

本書で扱う対人援助におけるコミュニケーションを「心理的ケア」と呼ぶことにします。この心理的ケアを磨くことが、皆さんの困り事の解決につながると考えています。

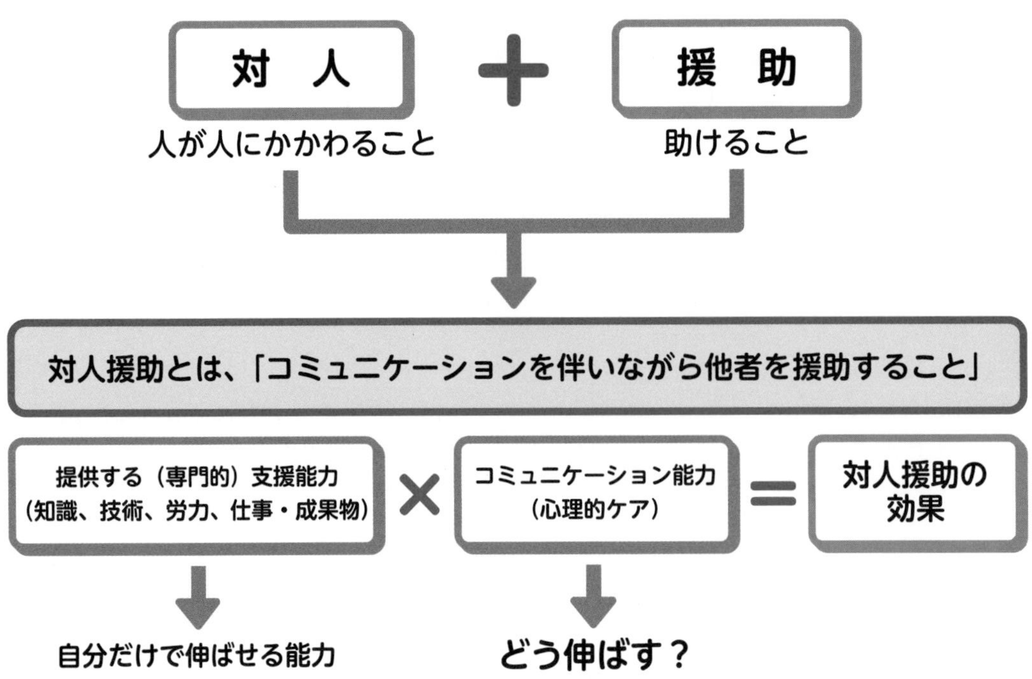

心理的ケアを磨く

それでは、コミュニケーション能力（心理的ケア）を伸ばすには、具体的にはどうすればよいのでしょうか。

まず、どう接するかという具体的な行動のスキルを鍛えることを思い浮かべる人が多いと思います。もちろん、それも大切なことで、本書でも細かいスキルを紹介していきます。

しかし、行動のスキルをただ単に伝えただけでは、習得するのは難しく、現場で使いこなせていない人が多いのです。なぜなら、それは、「考え方」が邪魔をしているからです。

対人援助とは何か、このスキルの狙いは何か、こんなことをして怒られないか……など、さまざまな価値観を整理しないと、習ったスキルを実行できませんし、もっというと習得すること自体が難しくなるのです。

そこで、本書では、心理的ケアを磨くために必要な「考え方のスキル」と、具体的な「行動のスキル」を、初級レベルから実践レベルにスパイラル状に紹介していきます。

考え方と行動のスキルは、明確に区分するのは難しいのですが、本書では、皆さんが整理しやすいように、項目ごとに区分して表現していきます。

ぜひ、日頃の実践を振り返りながら読み進めてみてください。

2023年8月

下園 壮太・伊藤 文

コミュニケーション能力（心理的ケア）の鍛え方

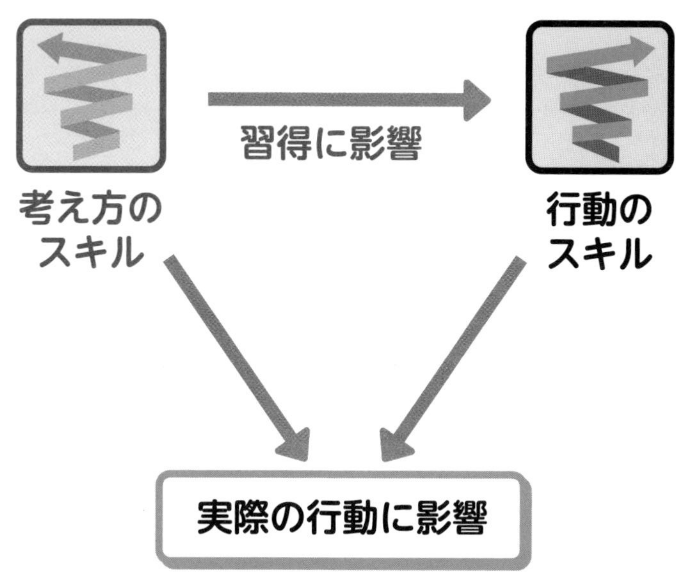

2つのスキルをスパイラル状に磨いていく

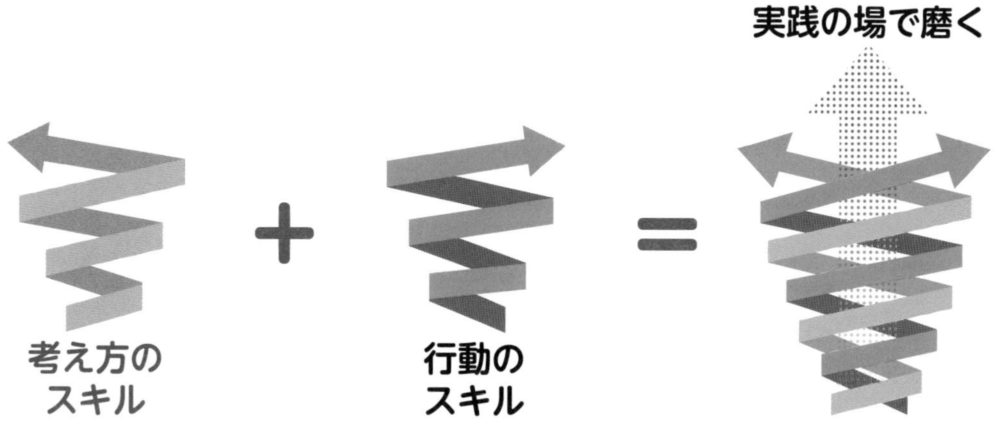

CONTENTS

第3章　さまざまな援助場面のスキル

本書の読み方・使い方

本書は豊富な図解とイラストで視覚的に理解できる構成となっています。目次に目を通して気になったページから読んでみてください。

そのほかにも、以下のような活用方法があります。

① 即戦力として活かす

すぐに対人援助に活用できる具体的な行動のスキルを知ることができます。

② 考え方のコツをまとめて学ぶ

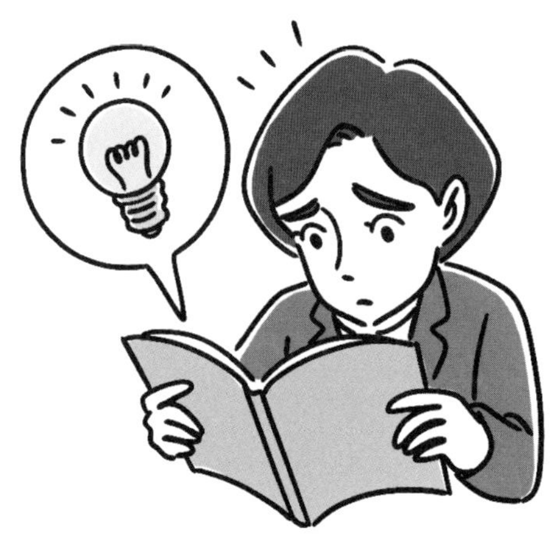

対人援助の場ではさまざまな葛藤が生じます。そうした際の考え方のコツを知ることができます。

③ 人の心の動きやアプローチ方法などを参照する

対人援助の場で行き詰まったときに、アプローチを根本から考え直すためのヒントを見つけることができます。

④ 援助についての価値観を整理する

対人援助の場で働く自分自身(生き方、正しさ、成長)に疑問が生じたとき、自分を振り返ることができます。

⑤ 考え方、行動のスキルを指導に活かす

部下の指導で悩んだときに、指導に活かすことができます。

⑥ さまざまなケース対応のヒントにする

困難事例に遭遇したとき、同僚と検討するための考察材料として活用できます。

第１章

まず押さえておきたいコミュニケーション（心理的ケア）

　初めて対人援助に臨むとき、私たちは、もちろん緊張はしますが、どこか誇らしげな感覚を持つものです。誰かの助けになるというのは、人として素晴らしい、正しい行いをしようとしていると感じられます。それはその通りで、ぜひその思いを持ち続けながら、対人援助を続けてほしいと思います。

　ただ、同時に私たちは、「困っている人は、自分の援助を必ず喜んでくれるはず」という期待を持っていることも多いものです。ところが実際は、相手は援助者に警戒心を抱いていることがあります。私たちは、そのことを知っておく必要があるでしょう。

　本章では対人援助の入り口として、援助を受ける人の心理的な特徴を理解するとともに、まずは援助の前に「**援助できる人間関係を作る**」ための基礎的な考え方とスキルを紹介したいと思います。

1 あなたは相手から まだ信用されていないと心得る

ここでは、ある事例を紹介しますので、その事例から考えていきましょう。

●事例

内科病棟に勤務して２年目の新人看護師Ａさんは、担当患者のＢさんのことで困っています。Bさんは、糖尿病を患っています。

AさんはBさんに、どうにかよくなってほしいと思って病気について必死に勉強し、食事制限や運動の大切さを一生懸命伝えています。

でもＢさんは、「できることはやっているんだけど……」「食べることだけが楽しみなのに……」とあまり話を聞いてくれません。それどころか、先日は、売店でお菓子を買っているのを見てしまったのです。つい「ダメじゃないですか！」と強く言ってしまいました。それ以来、Ｂさんがあまり話をしてくれなくなり、治療にも消極的になってしまいました。Aさんは、責任を感じて何とかしたいと思っています。

どうしてこのような結果になったのでしょうか。

私たちは、対人援助の場に出るときに、心のどこかで、「援助をしてあげるのだから、感謝されるはず」という思いを抱きがちです。また、「（ここに依頼しに来たからには）自分のことを専門家として信頼してくれているはず」という前提で、アプローチしていることが多いものです。

でも、本当にそうでしょうか。自分が事例のＢさんや助けを求めてくる相手の立場になったときをイメージしてみましょう。

例えば、体調が悪くて病院を見つけるときや介護支援センターを探すとき、あるいはリフォーム業者を探すとき、インターネットの口コミなどでその施設や援助者の評判をチェックするのではないでしょうか。それは、「もしかしたら、悪い対応をされるかもしれない」と警戒しているからです。

大切にしてきた身体、健康、メンタル、お金、人間関係などを傷つけられるかもしれない。援助を求める人は、自分の「味方」になってくれる人を探しているけれど、同時に「もしかして敵かもしれない」と警戒するのが普通なのです。

「対人援助」は、まずは、警戒している相手に対して、「自分はあなたを傷つけない」ということを明確に伝えるステージから始まることを理解しなければなりません。

相手はまだあなた（援助者）を信じていない（「敵かも……」と 思っている）

考え方のスキル

「援助してあげるのだから、感謝されるはず」
（受け入れられるはず）

実際は

援助を求める人は、自分の大切な命、健康、メンタル、財産、人間関係などを傷つけられないか強く警戒している

- 納得していないのに勝手に進められた
- 予想外の負担があった
- 馬鹿にされてしまった、子ども扱いされた
- 自分の主張に何の配慮もされなかった……
- 「待たせましたね」の一言もなかった
- 悪いことをしているような気にさせられた

などとネガティブに受け取られがち

援助のスタートは、相手に信頼されるようになることから

2 思っただけでは伝わらない

事例

ここまでの説明を聞いて、そうか、まだ自分はきちんと信頼されていないんだ、と頭では理解したAさん。

「でも、私本当にBさんのことを思って、必死にいろいろ調べて、心配で夜も眠れないぐらいなんです。私の気持ちは伝わっていないのでしょうか……」と悔しそうです。

ここで、「対人援助」という場の特性を考えなければなりません、

何かしらの援助が必要な人たちは通常、元気な人ではなく、困っている人、弱っている人なのです。だからこそ、これ以上傷つきたくないという思いがとても強くなっています。

人は、そのような状態のとき、どうしても世の中に対して、何か危害を加える人がいないか、このままでは危険な状態になるのではないかという視点、つまりネガティブな視点を持ちます。そうしたときに、援助者の真心が、弱っている相手にそのまま伝わると思うのは、少し楽観的すぎるでしょう。

場の特性をわきまえたベテランの援助者は、対人援助の場における「援助される側」の心理状態を予測したうえで、それに応ずるコミュニケーションを工夫しているのです。

思っただけでは伝わらない

考え方のスキル

思い込み 真心で接すれば必ず伝わるはず 

人は警戒心が強いときは、必ず悪いほうにとる 

例えば、メールで
「今日来るの？」
と送っただけでは、
どんな気持ちで尋ねて
いるのかわからない

送り手の気持ち

- **来るな**
- **来てほしい**
- **早く来い**
- **はっきりしろ**
- **ただの人数チェック**

警戒心が強いとき、人はネガティブな
メッセージとして受け取りがち

対策

	絵文字の解説
「今日来るの？ヽ (#゜Д゜) ﾉ」	**<あたふた>**
「今日来るの？ (^^ ♪」	**<やったー！>**
「今日来るの？ρ (`O ´ *)」	**<遅い！>**
「今日来るの？ (^_^;)」	**<いったい、どっちだよ>**
「今日来るの？ (^^)」	**<来てほしい>**

絵文字などを加えると、メッセージの誤解が少なくなる

3 弱っている人へのコミュニケーション（心理的ケア）=MC3

困っている人や弱っている人へ効果的な心理的ケアをするために、MC３(**メッセージ・コントロール・ベースド・クライシス・カウンセリング**)というスキルがあります。

人は、言葉や思いだけでコミュニケーションをとるのではなく、メッセージで交流しています。MC３は、弱っている人にも、自分が伝えたいメッセージが、きちんと伝わるように、雰囲気や表情、会話などをコントロールする技法のことです。

表　MC 3 (Message Control based Crisis Counseling)とは

1．メッセージのやりとりのミスを減らす
2．「味方」メッセージを重視する
3．相手を勇気づけるメッセージを積み重ねる(９つのメッセージプロセス)
4．総合的視野を保持し、柔軟な目標管理をする(試行錯誤を重視する)
5．技術として身につけるためのトレーニングが開発されている

MC３とは、**表**のような特徴のある総合的アプローチです。なお、英語表記の頭文字から、MessageのＭ＋３つのＣをとってMC３と呼んでいます。

相手の警戒心を解くためには、“あなたが攻撃しない”時間が重要です。ですから、とにかく何回も会うのが原則です。

しかし、より質の高いケアを提供するには、まずできるだけ早く相手の警戒心を解いてもらう必要があります。そうでないと、いつまでも試すような人間関係が続き、相手はあなたとの接触で疲れますし、大切な時間も無駄になります。

本章では、まず、あなたに対する「**敵**」**認定を緩める**ための具体的なスキルから紹介していきましょう。

弱っている人の心理的ケアはＭＣ３で

行動のスキル

自分の思いが正しく受け取られるように言葉だけでなく
ほかの要素もコントロールする

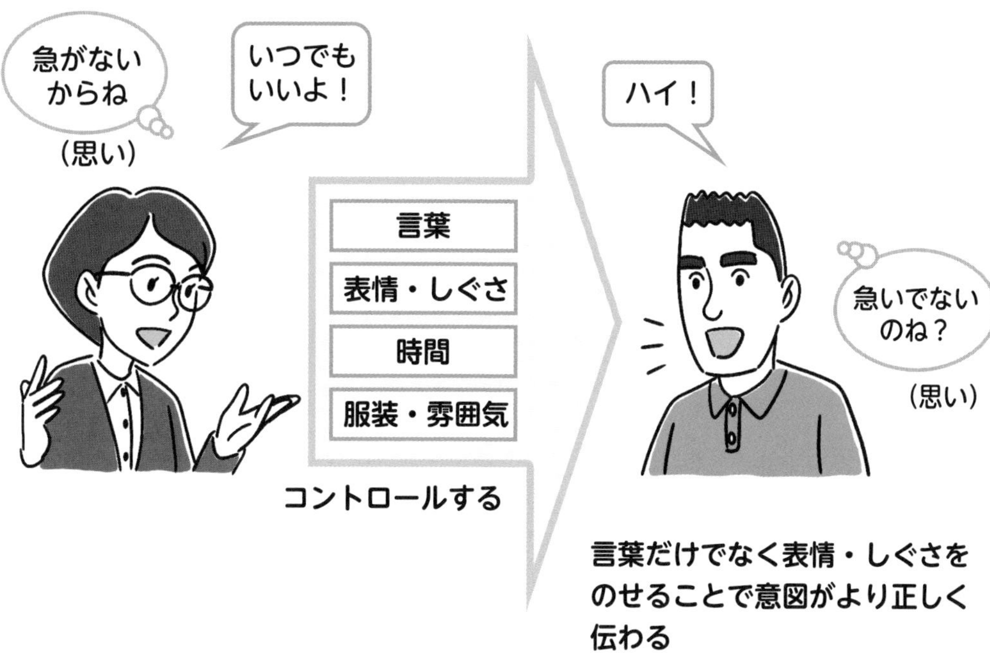

- 表情やしぐさは言葉以上のインパクトがあるので、より注意してコントロールする
- 言葉選びだけでなく、声の大きさ、早さ、トーン、間（ま）にも気をつける
- 同じことを何度も言うとイラ立ちのメッセージとして伝わりがち

弱っている人へのコミュニケーション(心理的ケア)=MC3

スキル 柔らかい笑顔と温かい目線

「対人援助」は、直接会う前から

電話口・メールでの対応や前の相談者への対応、同僚に対する対応などを通して、相手は、あなたを注目して観察しているのです。

日頃から、自分の立ち居振る舞いが、弱っている人にどう見えるかを考えておく必要があるでしょう。

ただし、普段は少し言葉が適当だったり、荒くなりがちだったとしても、その性格を変える必要まではありません。援助の場面になったときだけでも、目の前の人を大切にするモードに切り替えればよいのです。

「あの介護士さん、一見ちゃらんぽらんな感じだけど、ケアをしてくれるときはとっても丁寧で話しやすいのよ」という評判になれば、多くの場面で対人援助がしやすくなるというものです。

さて、直接ケアが始まるときに、まず意識してほしいのが、笑顔です。

自分では、まじめな顔、真剣な顔をしているつもりでも、相手にとっては、威嚇している、怒っている、機嫌が悪い……などと見えてしまうことが多いのです。にこやかな笑顔を練習し、それを鏡や、できれば動画に撮って確認してください。

実際に会ってからは「目線」が大事

次に、ケアが始まるとき、会話が生まれます。このとき、目線が重要になります。

目は口ほどに物を言うのです。目線によって、「あなたのことを注目しています、大切にしています」というメッセージを伝えることができます。

ですから、相手の目線に合わせるようにするのが基本ですが、人は目線が合いすぎると緊張するものです。その人に応じて、自然な形で、目線を合わす、目線を外す、を繰り返しながらケアを進めてください。

柔らかい笑顔と温かい目線

行動のスキル

笑顔のコツ

・ポイントは口と目（眉）

・マスクをしていても伝わるよう、体でも表現する意識を持つ（オーバーリアクション気味に）

・少し大げさなぐらいがちょうどよいが、できるだけ自然に見えるようにする

・顔の筋肉をほぐすトレーニングを行う（「あいうえお」を大きく口を開けて発音する）

目線のコツ

・基本は相手の目を見て、時々目線を外す

・相手の緊張が高いときは、目線を外す回数と時間を増やす

・目を見ると、自分自身が緊張する場合、口元か鼻を見る

・相手との間にノートやコップなどがあれば、それを，目線のベースにし、時折相手を見る

一人では確認しにくいので、動画を撮ってもらいチェックしてみるのがおすすめです（自撮りでもOK）

弱っている人へのコミュニケーション(心理的ケア)=MC3

スキル 挨拶と自己開示

自分をわかってもらう

あなたを「敵」認定している人には、あなたのことをある程度わかってもらう必要があります。その点、挨拶は重要です。

所属や資格などを伝え、ケアする立場であることを伝えると同時に、自分の人となりが伝わるような簡単な自己紹介を準備しておきましょう。**準備すればできることは、手を抜かずに準備しておくべきです。**p.9で練習した「柔らかい笑顔と温かい目線」を使いながら、挨拶します。

また、カウンセリングなどの訓練では、自分のことを話すのは控えるように教えられることもあるのですが、自分のことを全く開示しないで、相手に「わかってほしい」と望むのは自分勝手な話でしょう。

普通の人間関係でも、お互いが少し内面を打ち明けることで、打ち解けあうものです。

自己紹介のときに限らず、ケアの妨げにならない範囲で、上手に自分のことを伝えてみましょう。

日常会話のなかで、事件・事故や芸能ニュースなどの時事ネタに、自分の感想を加えて短く伝えるのがコツです。相手が関心があるようなら、ある程度話題を続けても構いません。関心がないようなら、切り上げます。

挨拶と自己開示

行動のスキル

①どんな人かがわからないと心を開けない

―自分に対して攻撃的な人か、非難してくる人か、もしくは自分を守ってくれる人か、優しくしてくれる人か

②明るく、柔らかい笑顔で簡単な自己紹介

―できるだけユーモアを交えて

③併せて自分のことが伝わるエピソードも準備

例

「こんにちは、介護士の香川明美です。明美、香川、ブレイク寸前、48歳、AKB48です（ポーズ＋「ちょっと古い？」と笑う）。
体は大きいけど、ちまちまとした仕事が好きです。
何でも言ってくださいね」

このような自己開示やエピソード紹介で、明るい人、気さくな人、頼みやすい人……というメッセージが伝わる

こうした自己紹介はよく使いますし、インパクトがあります。ぜひ工夫してみてください。
自分では作れない人でも、ほかの人に相談しながら、準備してください。小道具を利用する人もいます。そして、それを練習して、スムーズに言えるようにしてみてください。何事も準備が大切です。

弱っている人へのコミュニケーション（心理的ケア）=MC3

スキル 「聞いているよ」Ⓜ（メッセージ）

総合的に態度を伝える

挨拶や自己開示以外にも、会話をするときの聞き方で、あなたの態度を伝えることができます。ケアのとき、「敵」認定を緩めるためにまず意識してほしいメッセージ（以下、Ⓜと略すこともある）が、「聞いているよ」というメッセージです。

これは、「聞いているよ」と言葉で伝えることではありません。あなたに注目している、あなたに関心がある、というメッセージを、言葉、声、視線、表情や態度、要約、質問、話題に使う時間などを通じて、総合的に伝えるのです。

うなずき

いろいろなスキルがありますが、まず、「うなずき」から始めましょう。

「うなずき」には２つの効果があります。１つは相手とリズムを合わせる効果です。話すリズムが合うと、話し手はどんどん話したくなります。

例えば、カラオケで歌うときに、周りが手拍子や合いの手を入れてくれると、ノリノリで歌いやすくなるのと同じ効果です。

もう１つの効果は、メッセージを伝えることができるということです。ここでは２種類のうなずきを紹介します。

まずは、相手の話に合わせて小さなうなずき。それから、時折大きく飲み込むようなゆっくりとしたうなずきです。

小さいうなずきをすると「あなたの話をもっと聞かせて」「それで？」「どうなったの？」というメッセージが伝わり、相手はもっと話したくなります。相手の言葉の息継ぎの部分や、文章の読点（、）のところで入れてみましょう。時折、うん、うん、と連続して使うのもよいリズムが出ます。

大きいうなずきは、「なるほど～」「わかった」「そうか、そういうことだったのね」というメッセージが伝わります。相手の話が一段落したとき、間（ま）が空いたとき、あるいは文章の句点（。）で入れてみましょう。

どちらのうなずきも、首振りに合わせて「うんうん」「うん、う～ん」「あぁ、はい」「えぇ」「ほぅ」など、声に出してあいづちを打つとよいでしょう。自分では多少大げさかな？　と思うくらいに声に出すのがコツです。最初は少し恥ずかしい気持ちになるかもしれませんが、効果は絶大で、このうなずきとあいづちだけでも、かなり話が弾むようになるはずです。

「聞いているよ」Ⓜ（メッセージ）

行動のスキル

うなずきのコツ

- 自分では大げさと感じるぐらいに
- きちんと声（あいづち）を出す
- 小さな子どもに話すときのように
- 軽い小さいうなずきと、ゆっくりした大きなうなずきを使うと変化が出る

うなずき（小）とうなずき（大）を入れるタイミング例

昨日は妻が、久しぶりに機嫌がよかったんですよ（小）

東京の息子から孫の写真が送られてきたみたいで（小）

俺にも見せてくれって言ったんだけど（小）

スマホのなかにあると言うんだが、それが結局最後まで見つからなくて（小）

妻は機械音痴なんですよ（大）

もちろん、孫の姿も見たかったけど（小）、私にとっては、妻の機嫌がよいのが一番なんです（大）

弱っている人へのコミュニケーション(心理的ケア)=MC3

スキル 相手の話の内容に合わせて表情を変化させる

表情の変化

うなずきに合わせて、あなたの表情を変えていくと、より「聞いているよ」というメッセージが伝わります。

小さいうなずきの場合、基本は、驚きや興味津々を示す表情に変えます。具体的には、眉を上げ、目を丸くします。そこに感情をのせてください。

大きいうなずきの場合、そのときの話題に応じて、喜怒哀楽の表情を、少し大げさに表現します。

日本人、特に男性は、日頃からあまり感情を表に出さない、つまり表現しない人が多いのですが、弱っている人は、あなたが無表情だと攻撃されているような印象を持ち、あなたへの「敵」認定を強めてしまいかねません。

できるだけ感情が表情に出るように、笑顔のときと同じように、動画などで確認しつつ、練習してみてください。テレビなどに出ているタレントさんたちは、実に表情豊かです。参考にするとよいでしょう。

ただし、当然ですが、相手を怖がらせたり、不安にさせたりする表情は避けるようにします。

一方、女性の場合は、いつもワンパターンの笑顔を作ってしまいがちですが、いろんなタイプの笑顔を使い分けられるようになるとよいでしょう。

また、相手はつらい話を、笑顔ですることもあります。聞き手は、相手の表情に合わせるのではなく、話の内容に表情を合わせるようにしましょう。

話の内容に合わせて表情を変化させる

行動のスキル

- 相手の話の内容に応じて、表情が変化するのが自然。これが案外できていないので、意識して表情を出す練習を
  → できれば、自分が援助しているところを動画で見て練習
- 相手を責めたり、非難していると誤解されるような表情は避ける（無表情、冷静な表情、客観的すぎる言葉や口調は冷たい印象になるので避ける）
- 表情がない人、つらいことを笑顔で言う人につられないように、きちんと「話の内容」に表情を合わせる

怒り

心配
不安

喜び
嬉しい
好き

悲しみ

驚き
心配

うなずきに伴う表情例

＜例１＞

ペットが2匹、続けて亡くなったんです。病院に連れていくのも２時間以上かかるし、お金もかかって大変でした。

表情を変化させながら聞く

ペットが2匹、続けて亡くなったんです。（驚き、悲しみ）

病院に連れていくのも2時間以上かかるし、（驚き）

お金もかかって大変でした。（心配）

＜例２＞

（話し手が笑顔で）今回もまた失敗しちゃって、みんなからひどいこと言われちゃってるんです。

表情を変化させながら聞く

今回もまた失敗しちゃって（心配）、

みんなからひどいこと言われちゃってるんです（驚き、つらさ、悲しみ）。

スキル 大切な要素をきちんと要約する

要約する

きちんと注目し、うなずいて、表情を出して応答したら、次は言語で「聞いているよ」Ⓜを補強しましょう。そのためのスキルが「要約」です。一言の要約（繰り返し）から長い要約までいろいろな形の要約がありますが、重要なのは形ではなく、要約で伝わるメッセージです。

「聞いているよ」Ⓜを補強する要約にするためには、話し手が「ここは大切」「ここを伝えたい」「ここをわかってほしい」と思っている内容をきちんと言葉にすることが重要です。「聞いているよ」Ⓜを出す際には、できるだけ話し手が使った言葉をそのまま使うようにしましょう。

とはいえ、国語の教科書的な要約のように、一度できちんと「正しく」要約する必要はありません。

確認作業を重ねる

会話のなかで相手の話を一回で完全に理解することは簡単ではありません。というのも、話し手がイメージしていることと受け取り手のイメージはなかなか一致しないものだからです。

しっかり聞いていますというメッセージが伝わるのは、相手の話の要素と程度（仕事の量の多さ、人間関係のひどさ、仕事の複雑さなど）の要約を通じて、何度か確認する作業をしたときです。

要約したときの相手のリアクションをきちんと観察しながら、相互の理解を深めていきましょう。そうした作業を丁寧に重ねることで、「敵」認定が緩み、次第に「味方」として認識してもらえるようになります。

大切な要素をきちんと要約する

行動のスキル

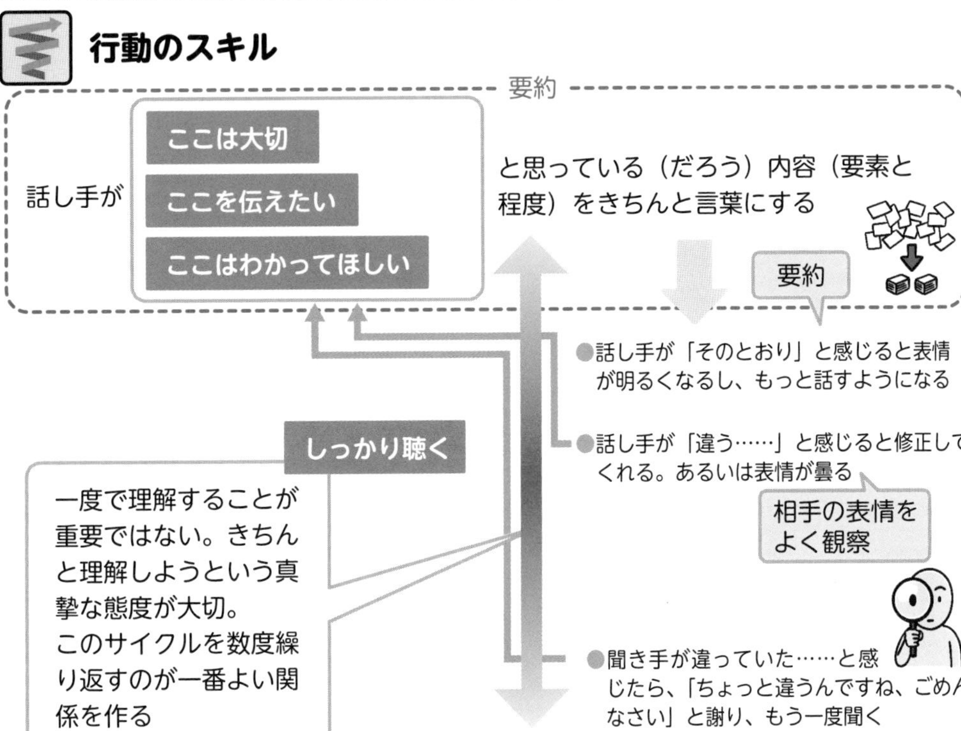

要約
話し手が
ここは大切
ここを伝えたい
ここはわかってほしい
と思っている（だろう）内容（要素と程度）をきちんと言葉にする
要約
●話し手が「そのとおり」と感じると表情が明るくなるし、もっと話すようになる
●話し手が「違う……」と感じると修正してくれる。あるいは表情が曇る
相手の表情をよく観察
しっかり聴く
一度で理解することが重要ではない。きちんと理解しようという真摯な態度が大切。
このサイクルを数度繰り返すのが一番よい関係を作る
●聞き手が違っていた……と感じたら、「ちょっと違うんですね、ごめんなさい」と謝り、もう一度聞く（質問する）

要約事例

●母の介護がとても大変と訴える女性

近くで見守っていないと、徘徊する。病院やデイサービスを活用しているが、夜も心配で睡眠も満足にとれない。母が食事を摂らないでやせていくと、自分のせいだと思う。母もつらいと思うが、このまま続けられそうもない

×「近くのデイサービスを活用されているんですね。最近は、そんなよいサービスがあるんですね。私の祖父も介護が大変だったらしいんです。田舎ではそんなところはなくて……」

相手の言いたいことではなく自分の言いたいことを返している　これでは日常会話。対人援助のプロの要約ではない

○「徘徊されるんですね。そうなると夜も眠れない。お母さんがやせていくと、自分を責めちゃうんですね。ちょっとこのままでは続けられない感じなんですね」

相手の伝えたいこと（要素や程度）をきちんと言葉で返しているので、しっかり聞いてくれている感じが伝わる要約

弱っている人へのコミュニケーション(心理的ケア)=MC3

スキル

「苦しい(苦しかった)ね」M(メッセージ)

苦しさの共感

「聞いているよ」Ⓜを出しながら、相手の話の内容に対応するメッセージを加えていきます。

カウンセリングでは、共感と呼ばれるものですが、すべての感情に共感していくわけではありません。ケアの場で重要になる共感は、**苦しさへの共感**です。

相手の会話や表情から、「苦しいという情報をきちんと受け取りました」と表現するのがこの「苦しい(苦しかった)ね」Ⓜです。ケアの場面では、一番重要なやりとりかもしれません。

相手の話の苦しい部分に、うなずきと表情できちんとリアクションし、話が一段落したら、苦しい部分(要素と程度)を要約します。

苦しい話をしっかり聞く

一般的に、そのような苦しい話、落ち込んだ話をすると、聞き手は話し手の気分を変えてあげようと、明るい話題を振ろうとしてしまいます。一般的な会話ならそれでもよいかもしれません。

ただ、今は「対人援助」、つまり心理的ケアの場面です。まずは、苦しいことをたくさん話してもらいましょう。

もし、受診して、ドクターがろくに主訴を聞いてくれず、明るい話題に終始したらどうでしょう。何のために受診したのかわからなくなりますよね。

とにかく、苦しい話をしっかり聞いて、要約していくことで共通の理解を深めていくのですが、それにはコツがあります。苦しさを伴う「感情」にかかわる内容(寂しいなどの感情の言葉、表情、一人ぼっちだったなどのシチュエーション)が表現されたら、必ずそれを拾って要約して返すことを意識してみてください。

また、援助者は、早く苦しみから脱出させてあげようと、対策ばかり考えてしまいがちですが、そうなると理解は深まっていきません。対策は、全部話してもらってから、一緒に考えていけばよいのです。

「苦しい（苦しかった）ね」Ⓜ（メッセージ）

行動のスキル

・すべての感情に共感する必要はない
・対人援助の場で重視するのは、苦しさへの共感メッセージ

明るい話題ではなく、つらい話を聞く

考え方のスキル

もし医師に明るい話題を
向けられたら……

全然わかって
くれないよ
頭が痛くて
胸が苦しくて
吐き気がして
熱っぽい……

NG
気にしないほうがい
いですよ。それより
趣味は旅行でしたよ
ね。最近どこか行か
れましたか？

つい明るい話題で元気づけようとしてしまうが、対人援助の場で相手が一番わかってほしいのは、自分の苦しさ

弱っている人へのコミュニケーション(心理的ケア)=MC3

スキル

「責めないよ、変わらなくていいよ」Ⓜ(メッセージ)

「敵」認定を緩める

「聞いているよ」Ⓜ、「苦しかったね」Ⓜとともに、「敵」認定を緩めるために、特に重要なのが、この「責めないよ、変わらなくていいよ」Ⓜです。

対人援助の場では、専門家として、さまざまなアドバイスをすることがあります。また、それが求められる場でもあるのです。すると援助者は、問題の本質を知りたくていろいろ質問します。ただ、弱っている人には、それが「あなたはこれができていないでしょ」という否定(ダメ出し)に受け取られてしまうことが多いのです。

それだけではありません。弱ってエネルギーが低下している人は、第三者からのアドバイスが、「頑張っていない」と、態度まで責められているように(人格否定的に)感じてしまいがちです。正論であるほどつらさが増します。

よく、うつ病の人に励ましはよくないといわれますが、うつ病の人だけでなく、弱っている人はすべて、詰問やアドバイスによって、傷つきやすい部分があるのです。

ただ、困っているので、自分も変わりたいし、アドバイスもほしいわけです。

そこで、MC 3では、この矛盾をメッセージを出す順番で解決することを提案しています。

まだ「敵」認定が強いときは、

1. まずは「聞いているよ」Ⓜを出します。
2. 次に「苦しかったね」「頑張っているね」Ⓜを出します。

こうしているうちに「敵」認定が緩みアドバイスを受け入れてもらえる人間関係ができあがりますが、もう１つ、とても重要なⓂを出します。それが、

3. 「責めないよ、変わらなくていいよ」Ⓜです。

具体的にはアドバイスをしない。質問をするときは誤解のないように質問の背景まできちんと説明する、ということです。

4. さらに次の項で説明する「頑張っているね」Ⓜを出します。

この順番を守って、コミュニケーションをとっていると相手があなたを信頼してくれます。そうなった後でようやく

5.「こうすればいいよ」Ⓜ（アドバイス）を出すのです。

アドバイスのコツについては、第３章の「アドバイスの技術」（p.118）で詳しく説明します。

特に相手が感情（苦痛）を表したら必ず拾う

行動のスキル

相手の訴え　**「昨日夕方から、窓の光がまぶしくて眠れなかった」**

「言ってくれればいいのに、すぐブラインド下ろしますから」

⇨これでは、問題解決のみとなり、さらに責められている印象（メッセージ）も与える

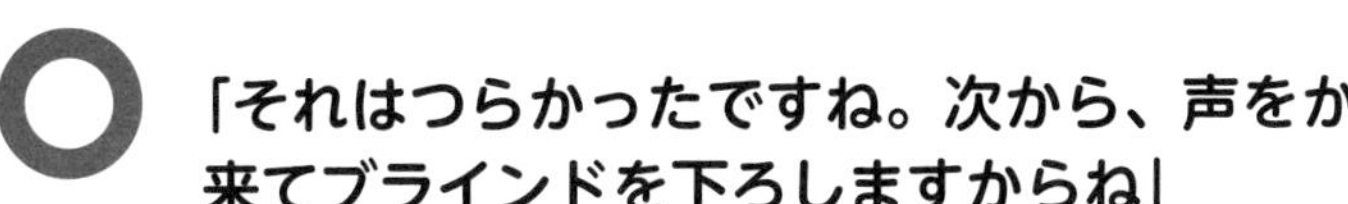

「それはつらかったですね。次から、声をかけてくれれば、すぐに来てブラインドを下ろしますからね」

⇨まず、感情を拾っている、「苦しかったね」Ⓜと「責めないよ、変わらなくていいよ」Ⓜが出ている

相手の訴え　**「もう何にも動けなくて、情けないよ」**

「動きやすいベッドに変えてみますか」

⇨情けないという感情（苦しみ）を無視し、すぐに対策に向かおうとしている

「動けなくなるのってつらいですよね。ショックを受けて当然ですし、特に○○さんのように活動的だった人は、本当に情けなくなっちゃいますよね」

⇨相手のつらい気持ちに寄り添い、「苦しかったね」Ⓜが出ている、さらにそう感じても無理もないということを伝え、「責めないよ、変わらなくていいよ」Ⓜも出ている

「責めないよ、変わらなくていいよ」🄼（メッセージ）

行動のスキル

・支援は、相手に変化を求めることが多い。しかし、この「変われ」🄼は、ややもすると「非難（責める）」🄼に受け取られがち。これが相手にはとてもつらい
・「責めないよ」と言うのではなく、具体的には、（今の時点では）アドバイスしない、詰問しない

よかった、何か
ダメ出しされる
かと心配だった
うん、うん
そうだったんだ。
大変だったね

「敵」認定が緩んでいない時点で控えることは

・努力をさせる
・生き方、行動を変えさせる
・考え方を変えさせる
・ストレス対処法を変えさせる

アドバイスには毒がある、質問にはトゲがある

考え方のスキル

・アドバイスは、どんな言い方をしても「今のやり方はダメ」という否定を含んでいる（毒を含んでいる）
・相手には、それができない事情があるかもしれない。正論であればあるほど、人格否定されている感じにつながる
・質問形のアドバイスでも毒は同じ。普通の質問でも、アドバイスに受け取られがち（トゲがある）

❶
今のやり方は
ダメってこと？
❷
やらないことを
責められてる？
①アドバイス
こうすればいいよね
毒

②質問形アドバイス
どうしてやらないの？
やったほうがいいよ

トゲ

弱っている人は質問を詰問にとらえがち

行動のスキル

●質問を連発しない

— 答えを聞いたら、必ず要約する癖をつける

●質問の背景（質問する理由）を説明する

✕「夕食は一人？」（寂しい人だと思われてる？というメッセージとして受け取られることも）

○「買い物をして来ようと思うのだけど、今日は息子さんは来るの？
それともあなただけ？」（邪推せずに答えられる）

●後のフォローでもＯＫ

唐突な質問（をしてしまった）→ 自分で気づいたら／相手の様子で気づいて → 背景説明（今の質問は、○○○を知りたかったから）

●質問、アドバイスが「非難（責める）」Ⓜ（メッセージ）に受け取られる場合

質問の場合

・「今日は運動はまだ?」→運動をさぼるなということ?

・「今日は息子さんは来ないの?」→昨日息子とけんかしたことを知っている?
俺の態度が悪かったと言いたいのか?

アドバイスの場合

・「たくさん食べて早くよくなりましょうね」→もっと頑張って食べろということ?

・「お薬も忘れないで飲みましょうね」→もの忘れが多いことを気にしろと言っているのか?

　あなたには何気ない質問やアドバイスでも、弱っている相手は責められた、努力を強いられたと受け取りやすいことを意識しておく。相手の反応をよく観察し、誤解されたと思ったら、できるだけ早く訂正する

例「今日は運動はまだ?」
→（相手が）嫌な顔をする、表情が消える、答えがない、などの場合、できるだけ早く、
「あ、ごめんなさい。運動の件、何で聞いたかというと、外壁の百合の花がとてもきれいに咲いていたから、そのことを知っているかと思って。○○さんは、花が大好きでしょう。だから、話題にしたいと思って」と質問の背景説明をする

スキル 「頑張っているね」Ⓜ（メッセージ）

「あなたはもう十分頑張っているよ」を伝える

「敵」認定を緩めるためにもう１つ有効なのが、「頑張っているね」Ⓜです。

弱っている人は、援助を求めたい一方で、「甘えるな」と怒られるかもしれないという不安や、迷惑をかけたくないという思いがあります。

そこで、今の状態の苦しさを理解してくれる人、つまり「苦しいね」Ⓜを出してくれる人に、助けを求めたくなるわけです。

しかし、「苦しいね」Ⓜを出すだけでは、まだ不十分なことが多いのです。

日本人気質ともいえますが、助けを求めてよいのは、苦しい状況のなかでも、本人がもう十分頑張って、自助努力をしている人。そこまで頑張って無理なら、みんなで助けてあげようと思うのが日本人的な価値観です。

ですから援助者が、相手の苦しさだけでなく、頑張りも認めて、それをきちんと表現してくれたとき、相手は安心して、自分の弱い部分を見せられるようになるのです。このときようやく、「敵」認定が緩んでいきます。「あなたはもう十分頑張っているよ」という要約や言葉かけに、思わずぽろぽろと泣きだす人も少なくありません。

裏メッセージに気をつける

ただし、この「頑張っているね」Ⓜをあまりしつこく表現すると、逆にわかってくれないと感じる場合があります。MC３では、**裏メッセージ**と呼んでいます。裏メッセージとは、伝えたいメッセージが異なったネガティブなメッセージ（裏）として伝わることです。質問やアドバイスが誤解されて伝わるのも裏メッセージです。「頑張っているね」Ⓜは質問・アドバイスと同じく裏メッセージに受け取られやすいのです。

「頑張っているね、だから援助を求めていいよ」と伝えたいのですが、本人が「自分はちっとも頑張れていない」と強く思い込んでいる場合、何度も繰り返される「頑張っているね」というメッセージが、「あなたは感じ方・考え方を変えなさい」「あなたの認識は間違っている」という否定的な「変われ」Ⓜになり、非難されているように感じるからです。あるいは、「頑張っているね」Ⓜが、「だからもう少し一人で頑張れるよね」という裏メッセージに受け取られることもあります。

相手の様子をよく観察しながら、自分の言葉や表情をコントロールしなければなりません。

「頑張っているね」Ⓜ（メッセージ）

行動のスキル

自助努力をしていないと

頑張っていないと

助けてもらえない（助けを求めてはいけない）
と感じている人が多い

- 成果が十分に出ていなくても、相手の努力を見つけ、認めてあげ、言葉できちんと表現する
- 援助者にはどういうポイントが頑張っているように見えるのか、具体的に表現してあげるのがコツ
- ただし、あまりにも本人が頑張っていないと確信しているときは、「頑張っているね」が逆にプレッシャーになることもあり注意が必要
- 裏メッセージに受け取られたと思ったら、相手の「私はぜんぜん頑張っていない」という話をしっかり聞く（「聞いているよ」Ⓜに戻る）

私なら逃げ出したくなる状況なのに、○○さんは、最後までやり通そうとしたんですね

正解はない、最適解を探す

そのつど正解は変わる

「頑張っているね」🄼（メッセージ）は、強力ですが、裏メッセージになることもあります。

このように、対人援助の場では、あなたの特性、相手の特性、問題の特性、環境の特性などにより、どれが一番相手のためになるのかは変化します。つまり正解が変わるのです。

ケーススタディで、みんなでディスカッションしても、参加者が「場」の特性をきちんと把握しているわけではありません。ケースカンファレンスも書籍も、専門家の意見も、スーパーバイズも、すべて「１つのヒント」でしかないのです。

私たちは、どうしても書籍や権威に「正しい答え」を求めたがります。医療職としてはたらく人は、常にエビデンスや論理的な対応を求められます。

しかし、書籍などには、今、直面している「場」での適正な解は、どこにも書かれていないのです。

和菓子の職人が、レシピ通りでなく、季節や気温、湿度、原材料、注文したお客さんなどによって、微妙にさまざまなバランスを変え、味見をし、そのとき、その客の最適解を導き出すように、私たちも現場のさまざまな要素をきちんと観察し、少しずつ対応を変え、そのときその場の一番よいバランスを模索しなければなりません。

この作業は大変なので、どうしても、１つの「完全な答え」を探したくなりますが、そんなものはないのです。ないものを探し続けていても、いつも不満足感を覚えるだけです。

書籍やデータではなく、現場を大切にし、目の前の相手の声を大切にしてください。

正解はない

考え方のスキル

小学校から「正しいこと」を教えられてきた

どこかに「正解があるハズ」

対人援助の現場での悩み

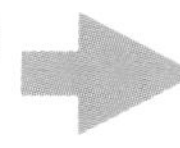

勉強して権威に聞いて答えを探す

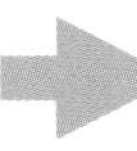

100点満点の答えはないので、いつまでも探し続ける一方、現場観察はおろそかに

答えは現場にある

よく現場を観察し、その人、その場面によって、一番よいバランスを「探す」感覚。そのためには、試行錯誤を重ねていこう

第１章のまとめ

- 相手からは、「敵」だと思われているという認識からスタートする
- 冷静、客観的な態度は、どうしても「冷たい」「わかってくれない」「馬鹿にされた」という印象につながり、「敵」認定を強める
  - ―弱っている相手は、無表情、動じない、張りついた笑顔、感情に触れない会話などをネガティブに受け取る
  - ―無配慮な詰問やアドバイスは、「変われ」Ⓜと受け取られ、相手を傷つける
- 「私はあなたの敵ではない」というメッセージを積極的に出していく
  - ―笑顔、視線、挨拶、自己開示、質問、要約、アドバイスを上手に使い、「聞いているよ」Ⓜ、「苦しかったね」Ⓜ、「頑張っているね」Ⓜを出していく

第2章

深めたい対人援助のスキル

第１章で学んだ考え方とスキルは大変有効なものなのですが、実際は納得できなかったり、現場で実行に移せない人が少なくありません。どうしてもこれまでの経験や学習で培ってきた考え方や態度（「価値観」）の影響を受けて、新しい考え方やスキルに抵抗してしまうことがあるからです。

それだけではありません。現場で仕事をしていくなかで、「そもそも人は何に悩み、その悩みをどう解消していくのか？」「自分はその悩みや苦しみのなかのどの部分に影響を与えられるのか？」「援助とは何か、対人援助職として何をするべきなのか？」といった疑問が浮かんでくることもあるでしょう。

私たちは、援助のプロとしてこうした疑問に自分なりの回答を持たなければなりません。本章では、**回答を持つための考え方（価値観）を提案**したいと思います。

1 対人援助でつまずく原因

● 事例

介護士のCさん、35歳。「対人援助」に苦手意識を持っています。

心配した先輩が勉強会を開いてくれて、本書の第1章の内容を学習しました。まじめなCさんは、さっそく職場で試してみました。

ところが、なかなかうまくいきません。要約・質問をしてみるのですが、自分でも、「ちょっと違うな」と思っています。案の定、利用者の表情もすぐれません。

先輩からも、「相手の話、ちゃんと聞いてる？」と、根本的な指摘を受けてしまい、落ち込んでしまいました。

「頭では理解し、きちんとやろうと思っているのに、なぜできないのか……」

この事例のCさんには、価値観の整理が必要なようです。

先輩
Cさん
笑顔がひきつってるし、
突然質問しているし、
大事なこともスルーしちゃって、
結局表面の問題解決の話題に
終始してるわね。

何が問題か

Cさんが第1章の内容に取り組んでみてわかったことは、笑顔や大きい表情を作ることへの恥ずかしさや、相手に馬鹿にしていると思われはしないかと、心の奥底で不安を感じてしまい、思うようにできないということでした。

また、要約をするにしても、こんなことで「頑張っていますね」と言ってしまうと、相手が努力をしなくなるのではないかと考えてしまい、その一言が言えなかったのです。

そう、私たちは、「それはやってはいけない」「必要はない」という価値観を持っているために、やろうと思っても、できないでいたり、あえてやらなかったりするのです。

こうしたブレーキをかけている価値観がどこからきているかというと、育ちやしつけ、文化のほかに、これまでの“学び(教育)”であることが多いのです。

“学び(教育)”は、通常、建前論や教えやすいところ(法律、ルール、手順など)に偏っていたり、教育する対象(例えば、医師をめざす学生など)によって内容の偏りが生じます。

しかし、まじめな人ほど、その道の権威に教えられたことを素直に覚えます。しかも試験もあるので、それが「正解」であると無意識のうちに強く植えつけられてしまっているのです。これは「**学びの弊害**」と呼べるものです。

教育と現実のギャップ

教育で学んできたことと、現場で本当に必要なこととのギャップを埋めるためには、OJT(現場のトレーニング)や先輩などの動きから学んで実践し、失敗しては修正を繰り返していくしかありません。

ところが、小さい頃から教育システムが整備されている現代社会では、「教えてもらわないとわからない」と感じる人が多くなってきました。

これまでは、経験から現場感覚を学んできましたが、今は、その現場感覚もできるだけ、教育していかなければならないのです。そこで本書では、明確でないこと、権威と違うこと、言わなくてもいいこと、言いにくいことも伝えていこうと思います。

学んだことと現場は違う

考え方のスキル

学び（教育）

○建前中心、現場の現実は伝えられない
○教えやすい情報など

偏った情報であることも

○まじめに学ぶ
○試験があり必死に覚える
○みんなで覚えると「これが正しい」とさらに誤解する

無意識のうちに頑なな思い込みになっていることも

学びの弊害

経験

現場感覚

○現場でのパフォーマンス向上
○新しいスキルの習得可能

さて、価値観が問題であることを知ったCさんは、先輩とともに自分の価値観を洗い出して、援助者としてどう考えればよいかを検討しました。

Cさんの価値観の修正

考え方のスキル

MC３をやってみて（Cさんの価値観に基づく考え）

○接客業のようだ
○援助をするのに本当に必要なのか、私は機嫌をとる係ではない
○うそやおべっかを使うようで嫌だ

○「対人援助」は、人の心を扱う。心を丁寧に扱う仕事
――その面では接客と同じ要素がある。その後、何を与えるかが違う

○対人関係では、言葉や自分の表情を選ぶが、それはうそではなく、必要な配慮と思いやり
――日常でも普通にやっていることをより丁寧に行うだけ

○ストレスを感じる作業なので、その作業を避けるための言い訳として「うそは嫌」と考えがちであることを知っておく

価値観の整理ができたら、後は練習あるのみです。

自分では十分やっているつもりでも、動画で見てみるとできていなかったり、他者から見たらできていなかったりするというのはよくあることです。自分の感覚と現実の行動・表現がずれているだけです。その場合は、とにかく練習あるのみです。そして、先輩などからの温かいフィードバックをもらって成長につなげましょう。

さて、CさんのOJTでは、「うそをつきたくない」「援助者（人）は常に誠実でなければならない」という信念が、新しいスキルの習得や実践の妨げになっていたので、先輩と話し合いながら、いわゆる「うそも方便」的な、より現実的な価値観に整理していくことができました。

価値観を整理していくには、その基となっている知識から見直すと、うまくいきやすいものです。

「対人援助」に本当に必要な知識

「対人援助」の場で本当に必要な知識とは、どういうものなのでしょうか。

それは、「人」についての知識だと思います。人の欲求や悩み、苦しみについての理解、人間関係のコツであったり、仕事、援助、生きるとは何かという哲学的なものであることもあります。これらが「対人援助がうまくいきやすい価値観」の基礎になります。

医療や介護などの専門分野については、よく勉強しているのですが、この**「人」についての現実的な理解**が浅い人が多いように思います。

現代社会では、子どもの頃から密接な交流をする場が少なくなりました。安全で豊かな社会のなかで、いろいろな人との極限的なかかわりも少なくなり、飢えることも、死に直面することもほとんど経験していません。そんな現代社会に生きる私たちは、「人」についての知識は浅く（人間に関するデータ不足）、人とは何かについて、あまり深く考えたことも、誰かに教わったことも少ないのではないでしょうか。

加えて、人のためになりたいという善意と、勉強したいという勤勉さが加わり、学びの弊害が生じているように思います。

「人」についての理解が浅い

考え方のスキル

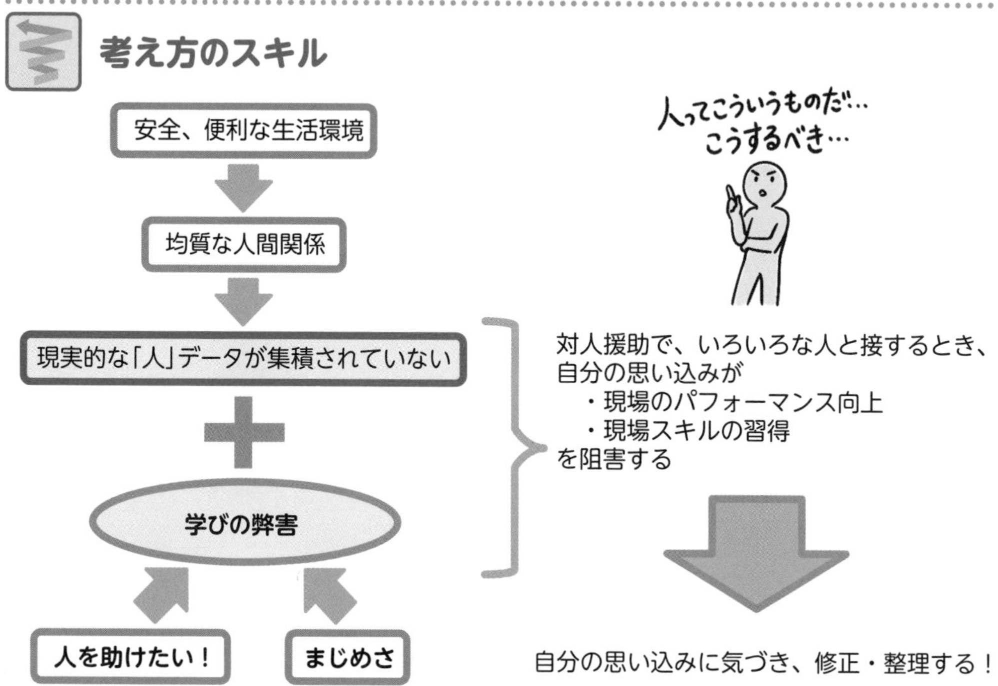

思い込みの厄介さ

例えば、「悪いところを指摘されたら、人は、一生懸命改善のために努力するもの」という思い込みを持っているとしましょう。

自分自身はそのように努力して生きてきたかもしれません。しかし、そもそも人というものはそんなに簡単に努力し続けられるものでもないのです。その現実を知らずに、高い期待値だけで相手に接していると、相手のことを尊敬できないし、それだけではなく、もしかしたら「自分の言葉が軽く扱われているかも？」などと悪意として受け取ることさえあるのです。

このような厄介な思い込みについて、個人の経験や性格、受けた教育などによって細部の差はあるものの、対人援助の経験の浅い人が持ちやすいものをp.35にまとめます。

経験の少ない援助職が陥りがちな思い込み

考え方のスキル

相手（人）に対する思い込み
○自分なら、助けてくれる人には感謝するし、素直になる
○自分ならやるのに
○言われたらやるのが普通（理性でコントロールできる） ——やらないのは、理解していないか、やる気がないか、意志が弱いか
○人は自立するべき、一人で頑張って生きるべき ——私が励まさなければならないのはおかしい
○わかったら、できるのが普通、いい大人なんだから→子ども扱いの一因 ——できないのは、重要度（大切さ）の不理解 ——やる気（意志）、努力不足（我慢不足、粘りのなさ） ——方法論がわかっていない→教え込まなければ！
○言い訳するのは、私が嫌われるのは、避けられるのは…… ——理解していないから→十分に説得するしかない ——逃げている、我慢や努力が足りない、問題の先送り→逃がさない！ ——自分の嫌な部分を指摘されるから（怒られるから）→逃がさない！
○人は、成長したいものであるはず

「対人援助職」としての思い込み
○「正しい」援助をしなければならない
○治さなければ、育てなければ、成長させなければならない
○苦しみや悩みをゼロにしてあげなければならない
○その方法論を提供しなければならない
○厳しくして一時的に嫌われても将来わかってくれればいい
○対人援助職として心の底から善人でなければならない
○対人援助職の責任を（一人で完全に）果たさなければならない
○自分の成果が上がらないのは、教わったことができないから、正しい答えをまだ知らないから

…べき！

そもそも相手のニーズに応えているのか

人に対する知識が不十分なまま、教えられたことをそのままやったところで、あまりうまくいきませんし、相手から感謝もされません。

ちょっと、冷静に、ゼロベースで考えてみましょう。

そもそも、あなたは相手のニーズに応えているでしょうか。望むものを提供しているのでしょうか。

相手は、提供されたものが、望むものなら感謝します。逆に、望んでいないものを与えられたら感謝するどころか、怒ることもあるでしょう。

あなたの援助がうまくいかない場合は、まず、このそもそもの根本を考えなければなりません。

相手のことを考えず、自分が与えたいものを提供するのは幼児へのプレゼントです。プレゼントを渡したから喜ばれるはず、正しいことなのだから相手は受け入れるべき、援助をしているのだから、喜ばれ、感謝されるはずという単純な期待を持ってはいないでしょうか。

第１章で紹介した、「人間関係ができていないときのアドバイス」はこのよい例です。よかれと思って提供するアドバイスが、相手を苦しめ、相手に嫌われるもとになることもあります。

何を与えているのか考える

今、自分が何を与えているのかを、きちんと考えるべきです。

自分で気づかないうちに、何かを与えたい欲求や、これを絶対伝えたいなどの欲求が強力になっていることがあります。

自分の言葉や行動をメッセージとして理解すると、自分が今提供しているものが何なのかがわかりやすくなります。

アドバイスや方法論の提示は、「こうすればいい」とか「変われ」「心配する必要はない（心配しているのはダメ）」というメッセージになります。

相手がしっかりした継続的な援助を求めてつらさを訴えているときには、たとえ「解決策を教えてほしい」と言っていても、「つらかったね」「頑張ったね」という共感のメッセージを求めていることが多いのです。

要するに、相手が望むものは、明確で固定的なものではなく、複雑で、変化しており、一貫していないものです。だからこそ、やってみて、反応を見て、変えていく、つまり、MC３の基本概念の１つである、試行錯誤が大切なのです。

相手のニーズに応える援助

行動のスキル

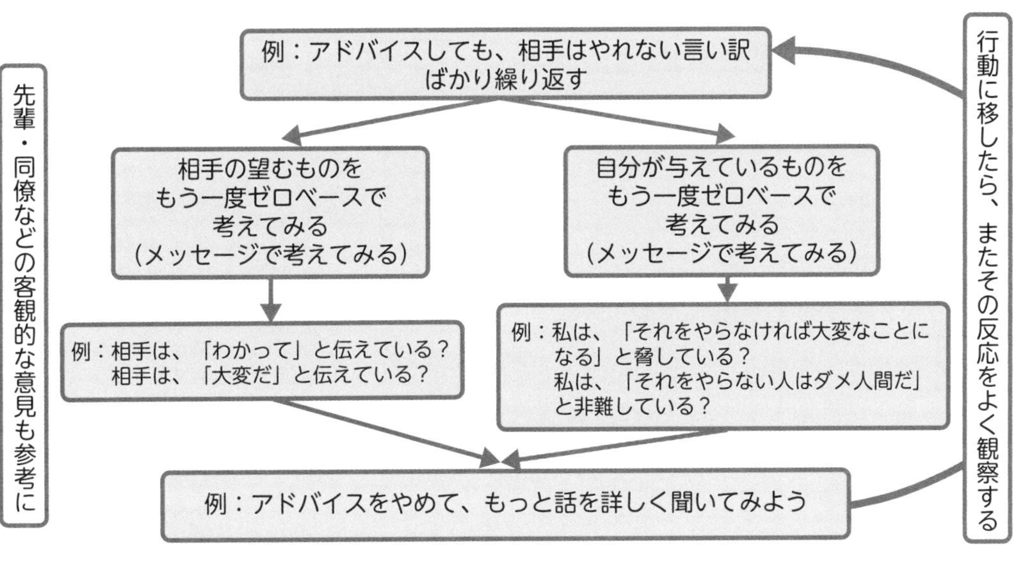

2 「対人援助」とは複雑な欲求への支援

困り事は複合的なものとなりやすい

「対人援助」には、よりよい生活をし、充実感(快)を得ることを目指す援助もありますが、現場では、困っている状態(感じている苦しさ・不快)を少しでも軽くして、生活に支障のないレベルにするための援助が多いことでしょう。「困っている状態」は、複合的なものであり、何に、どう困っているかは、個人差があります。

問題を解決しようとして、論理的に問題を分解し、優先順位をつけて援助をするかもしれませんが、一般的な仕事ではうまくいっても、「対人援助」ではうまくいかないことが多いものです。というのも、困っている人の問題は、複雑に絡み合っているからです。どれが問題の本質か、論理的に特定しても、困っている本人からすれば、「それだけじゃない、全部が問題なんです」という感じなのです。

問題を特定し、それに対処する、治す、育てる、覚えさせる、苦痛をゼロにする……、このような医療や福祉のゴールイメージを押しつけてはいけません。

例えば、痛みで苦しむ患者に対して、医療では痛みをゼロにしようとし、本人にも薬をきちんと飲むなどの努力を要求します。

ところが、痛みが残っても、薬を飲み忘れるぐらいのほうが、結果的に総合的な苦しみが少なくなったという人も少なくありません。副作用が苦痛だったり、副作用が原因で車の運転ができなかったり、薬代がバカにならないというお金の問題があったりなどという場合です。

この例からもわかるように、相手が苦しんでいるのは、医療面だけでなく、家族関係、金銭不安、生きがいなどの総合的な問題であることが多いのです。

一方、援助者であるあなたも人間です。できることしかできません。

例えば、あなたが八百屋だったとして、あなたは魚を売ることはできませんし、魚がほしい客に不要な野菜を押し売りしたりもしないでしょう。

それと同じで、相手が欲しいものと、自分が与えられるものを把握し、ケースごとに、対人援助のメニューやかかわりの強さを変化させていく必要があります。

対人援助は総合的なもの

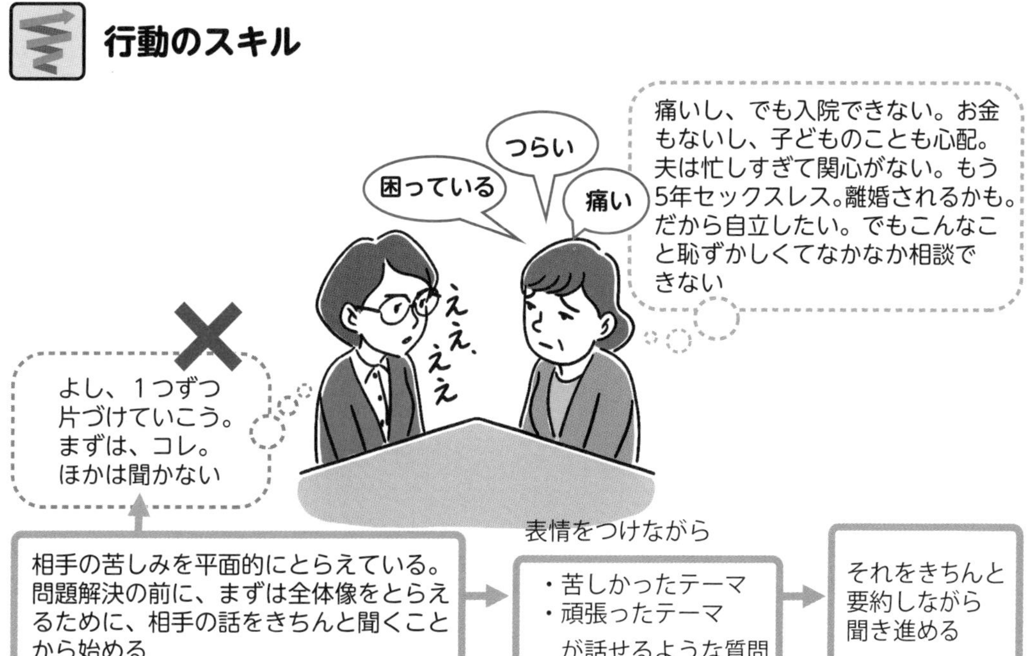

行動のスキル
困っている
つらい
痛い
痛いし、でも入院できない。お金もないし、子どものことも心配。夫は忙しすぎて関心がない。もう5年セックスレス。離婚されるかも。だから自立したい。でもこんなこと恥ずかしくてなかなか相談できない
ええ、ええ
よし、1つずつ片づけていこう。まずは、コレ。ほかは聞かない
相手の苦しみを平面的にとらえている。問題解決の前に、まずは全体像をとらえるために、相手の話をきちんと聞くことから始める
表情をつけながら
・苦しかったテーマ
・頑張ったテーマ
が話せるような質問
それをきちんと要約しながら聞き進める

相手の求めるものは固定ではない、明確でもない

相手の求めるもの、つまりニーズに応える、というと、何か1つの明確な要求が存在するように感じるかもしれませんが、そうではありません。

相手が、何を求めているのか、その人自身にもわかっていないことがあります。苦しみや困難さのために混乱しているからです。
「痛いから何とかしてくれ」と言っていたのに、結局、「痛みは我慢するから入院は嫌だ」などという展開だってよくあることでしょう。

何をどうしたいの？ と言いたくなります。

だだ、それを相手のせいにするのはアマチュアのやることです。「言ってくれなければ、何も提供できない……」というのではなく、対人援助のプロならば、「人」に関する知識から、ある程度相手のニーズを正確に予測することができなければなりません。

繰り返しますが、援助職として専門的な勉強はしているかもしれませんが、「対人援助」のプロとして本当に知るべきことは、「人」についての知識です。

一般的に、「対人援助」の場で、相手は、苦しみに関する自分なりの理解（主訴）を話します。しかし、これは通常、表に見える問題の一部でしかないことが多いのです。

「対人援助」のプロは、多くの場合、対人援助の場でまず、最初にケアするべきことは、「**相手と援助者との関係性**」であることを知っています。その次に内面（感情）のケア、そのあとに現実問題の対処へと進みます。

このような大まかな方向性を立てられるような知恵が、現場で必要とされる知識なのです。

「人」についての知識から援助の方向性をイメージ

「対人援助」の専門家としてのかかわり
①「敵」認定を緩める→②味方になる→③感情のケア→④現実問題の対処

試行錯誤を前提とする

相手の苦しさに合わせた援助をすることとともにもう１つ重要なのが、その苦しさの見つけ方です。

人の心は、いろいろな欲求、感情などの複合体です。しかも、先述したとおり、本人が自覚している問題構造があてにならないこともあります。

さらに厄介なことに、「そのとき」、何を求めているかは、変化するのです。また、環境が変わると受け取り方や感じ方も変わります。

例えば、何らかのケアが有効だと、感じ方が変わるのです。苦しみの形や感じ方、部位が変わることがあると思っておいてください。ケアだけでなく、話をするだけで、もっと言えば、意識を向けるだけで、つらさが変わることもあるのです。

援助者は、これらの変動要因を理解したうえで、相手の総合的な苦しみを低下させるために、苦しみの重心や構造を探っていかなければなりません。

人を理解するプロとして、あたりをつけ、動かし、感覚の変化を丁寧に観察しながら、相手が一番落ち着けるような環境・考え方（バランス）になるよう、探究していきます。

援助者が寄り添い、提案し、一緒に考えることで相手が動くのです。

そのことで相手がどう感じるかは、やってみなければわかりません。「心」は動いてみると変わります。試着、視聴、試食の感覚と同じです。家も３軒建てなければよい家は建てられないなどといいますが、それぐらい、人は論理的ではない、感覚的な生き物なのです。

対人援助職は、人のこのような本質的な特性を理解しなければなりません。

仕事の問題解決と対人援助の問題解決は違う

考え方のスキル

仕事の問題解決

①現状をよく分析する
・問題を特定する
・問題解決のための情報収集

②計画を立てる

③実行する

④成果を確認する

対人援助の問題解決

①人間関係を作り

②情報を収集し

③問題のあたりをつけ

④ケアをする（動く）

⑤その結果をよく感じてもらい

⑥苦しさの変化を観察する

試行錯誤（⑥から②へ）

対人援助で最も重要である「味方」の関係性

現場でパフォーマンスが上がらないとき、「教えられたことを自分がきちんと理解できていないから、まだ知らないことがあるから」と考える人が多いようです。もっと学ぼうと、大学(院)や資格試験にチャレンジしますが、そこが問題ではない場合が多いのです。

対人援助がうまくいかないのは、多くの場合、専門知識やスキルのせいではなく、それ以前の人間関係の構築が不十分であるからです。

大切にするポイントが違う！

考え方のスキル

誤った原因

・自分の理解度が足りない
・勉強不足

真の原因

・人間関係ができていない

専門分野の勉強に戻る ← 対人援助がうまくいかない → 相手ともっと交流する そして試行錯誤する

感情の安定が最優先

「対人援助」で忘れてはいけないのが、「方法論(論理的解決策)より感情問題が優先する」という大原則です。

人は、感情問題(人間関係、不安、自信の低下、性格、仕事、人生観など)が安定してこそ、理性的に情報を受け取り、分析して、対応策を考え、アドバイスも受け入れられるようになります。

そして、その感情問題のなかでも、「対人援助」の場で最初に取り組まなければならないのが、相手との人間関係です。そのため第１章では、感情問題の最初の課題として、「敵」認定を緩めることから始めたのです。

第１章で紹介した考え方とスキルで、あなたが相手にとっての「敵」ではなくなると、援助者はかなり楽になりますが、それは、まだ援助に伴うマイナスをなくしただけのことです。これをいかにプラスにもっていくか、ここからが心理的ケアの本番です。

それをMC３では、「味方になる」と表現しています。

味方の関係構築が最も重要

考え方のスキル

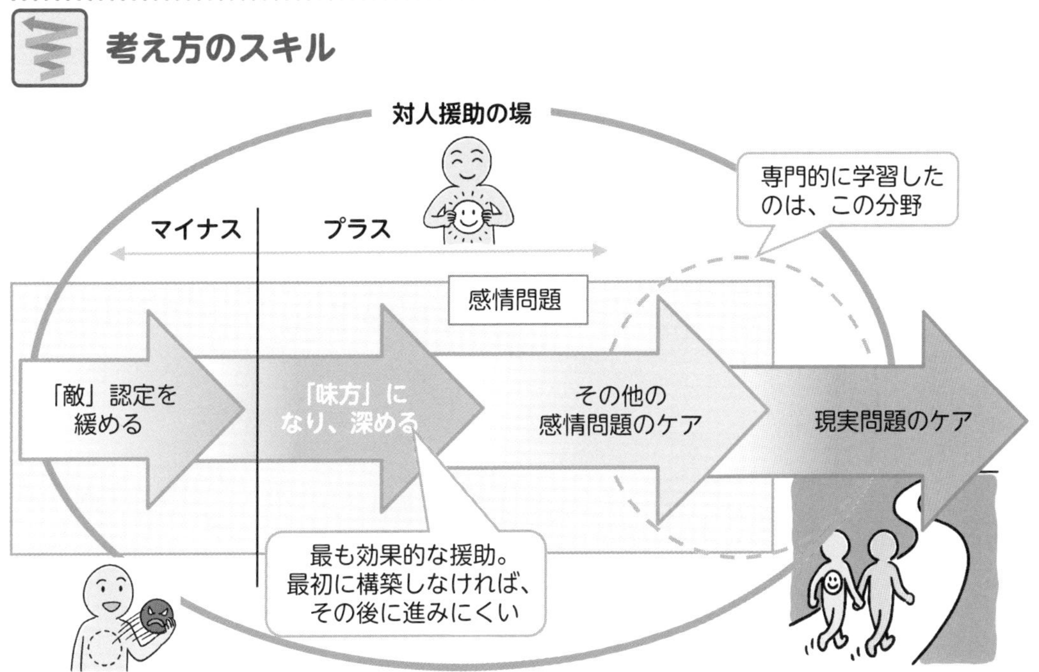

「敵」認定を緩め、味方になるのは、「ここから、味方」などと固定的なものではなく、グラデーションで徐々に進むものです。時には裏メッセージなどで逆行（「敵」に戻ることも）しつつ、時間をかけながら味方の関係を深めていきます。

「人間関係で支える」ことの基本を理解する

さて、あなたが知らない世界(国、地域)に、一人ぼっちで行かなければならないとしましょう。大変心細いに違いありません。そこに、誰か信頼できる人が一緒に行ってくれるとなったらどうでしょう。たとえその人が、物理的に何か手伝ってくれるわけではなくても、急に心強く感じるのではないでしょうか。

外的問題は何も改善しなくても、「二人のほうが感情的負担は大きく改善する」というのが、「対人援助」の本質なのです。これを「**味方の関係構築**」と呼んでいます。

「対人援助」は、現実問題の解決がゴールではありません。相手は、苦しみを少なくしたいのです。苦しみがなくなるほうの援助をするべきです。味方が現れると、苦痛が減る。これが「**人間関係で支える**」という援助の根本です。

寄り添う、傍にいる、見守る、手当てする(手を当てる)、という言葉があることからもわかるように、人は専門的な知識がなくても、本質的に助け合って生きてきた動物なのです。

人間関係で支える

考え方のスキル

対人援助の最終目的は、相手の苦しみを減らすこと。問題を解決することではない

「味方」の関係性を深めるための３つのポイント

心細い一人旅に誰かが一緒に行ってくれるとして、その同行者が「誰か」というのは次の大問題になってきます。

自分の足を引っ張るような人だったら願い下げです。また、知り合いならともかく初対面の人なら、かなり警戒しますよね。これが、第１章で問題にした「敵」認定から始まるという心理です。

やたら偉そうにしていたり、人ごとのように表面的にかかわるだけの人は嫌ですよね。また、価値観を押しつけたり、こちらの現状を理解しないで自分勝手に進める人も困りものです。

援助者が「味方」として認識してもらうための３つのポイントを押さえていきましょう。

ポイント①：「何を言っても否定しない、責めない」

「何を言っても否定しない」とは、すべて受け入れることではありません。相手の意見や感じ方に無理やり同意することでもないし、行動を是認することでもありません。相手の感じ方、考え方、行動を、その人のものとして、尊重することです。自分の価値観や意見と違っても、非難したり、攻撃しなければよいのです。

この態度があると、「敵」認定が緩んでいき、相手は話しにくいことでも話せるようになります。

ポイント②：「心の機微をわかろうとする」

今、その人がいる状態、その人がとっている行動に至るまでのいろいろな気持ちや経緯を、援助者がわかろうとするということです。

これからのことを一緒に考えるとき、自分の心情まで汲み取ってくれる相手であれば安心して考えていけるのではないでしょうか。

ポイント①と②の２つの要素があると、相手は、「自分の価値観、行動、考え方を尊重してくれて、今の自分の苦境（さまざまな葛藤）のバランスや強さを理解してくれる人が現れた」と感じて、ほっと安心します。

しかし、それだけでは足りません。決して無責任に放置したり、やみくもに行動を是認するのではなく、冷静にマイナスのことも告げてくれる（叱ってくれる）人でなくてはなりません。これが３つ目の要素です。

ポイント③：「真剣にかかわろうとする」

つまり、「親身なかかわり」か「適当なかかわり」かの差です。親身にかかわる人とは、客観的視野を持ちつつ、悩んでいる本人ができることを、真剣に、一緒に探してくれる人です。そのためには、まず、しっかり相手の話を聞くことが重要です。

カウンセリングを勉強した人は、お気づきかもしれませんが、これらはロジャース（Carl Rogers）の言う受容と共感に通じるものです。ただ、受容と共感の概念は、少しわかりにくいので、ここでは、もっと平たく表現しました。

「味方」の関係性を深める３つのポイント

考え方のスキル

現状を知らない人、足を引っ張らない人、押しつけない人（前提）

何を言っても否定しない、責めない

心の機微をわかろうとする（できなくても態度が重要）

適当ではなく、真剣にかかわろうとする

共通の現状認識を持ち、できることを一緒にとことん探してくれる人

「味方関係」が進むと心理的ケアが進む

- アドバイスも味方からなら受け取る
- 味方の行為は善意に受け取る
- 理性がはたらき、自立したくなる、問題解決のひらめき（物語）も生まれる
- 怖いところ（避けてきたテーマ）にも一緒に行ける（考えられる）

★ＡＩにはできない、人にしかできない対人援助の本質部分

「味方関係」は、完全、固定なものではない。やりとりのなかで揺らぐこともあるが、修復しながらケアを進める

例えば、ある人が借金があって死にたくなっているとしましょう。

外的な問題としては、借金です。あるいはそのことで死にたいと極端に考えてしまう思考の流れの問題です。普通の人ならこの２つの問題を解決しようと必死になるでしょう。

そうなると、本人はさまざまな、正論のアドバイスを受け、それをやらなければならない負担感も強く感じたり、自分の思考を否定されたり、つまり、叱られる体験をするので、余計につらくなることが多いのです。

ここまでに紹介した３つのポイントから具体的な対応を考えてみましょう。

①何を言っても否定しない、責めない

借金をしたことや、死にたいと思っていることを責めません。

②心の機微をわかろうとする

その人が死にたいと思うまでにはさまざまな思いがあったはずです。単純に死にたいわけではなく、いろいろな背景や思いのなかで死にたいという気持ちが、最終的には表面に上がってきている……というその気持ちの全体像を聞くようにします。

③真剣にかかわろうとする

借金を返すためのアドバイスも聞かず、死にたい気持ちも変わらない相談者に対して、「だったら好きにすればいい」とか「問題解決のポイントはこれだから、これをやるかどうかはあなた次第だ」と投げ出してしまうような態度をとると、相談者は余計に孤独になってしまいます。

相談者がどのような問題を抱えていても、どのような対応をとっても、相談者を見捨てずに一緒に進んでいく態度によって、相談者は「一人ではない」と感じられるのです。

この３つの態度によって外的な問題、つまり借金や死にたい気持ちが変わらなくても、感情が落ち着き、前向きな思考が生まれやすくなるのです。

5 味方になるのを躊躇する心理

味方になる効果や必要性を否定する人はいないでしょう。でも、実際の現場では、そのように行動できない人が多いのです。それは、次のような考えが抵抗しているためです。

いずれも、「援助」と「援助者」についての理想のイメージ像と現実とのギャップから生じているものです。

「巻き込まれたくない、大変だ、深くかかわりたくない」という思い

「対人援助」の、実際の場面では、無意識のうちにかかわることによるデメリットのほうを強く感じて、表面的な付き合いしかできなくなってしまう人がいます。

一言でいうと、慣れていないからですが、援助というものの距離感がわかっていない場合もあります。援助には適切な距離感が重要なのです。

ストーブにたとえて説明します。

ストーブの比喩

考え方のスキル

凍えている人には
ストーブが必要

でもストーブに近づき
すぎては、やけどする

ストーブから程よく離れると、
温かく居心地がよい

程よい距離感が必要で、
基本的には、相手に距離をとってもらう
（ストーブ（援助者）はじっとしていて、追いかけない）

また、「聞くこと」と「行動でかかわること」とは別のことなのですが、それを混同している人もいます。つまり、「聞いてしまったら行動によって助けなければならない」と考えてしまうのです。逆に言うと「味方になる」援助を知らないのです。

そして何より重要なのが、援助者自身が弱っているときは、この「もうかかわりたくない」という考えが強くなるということです。これ以上、自分の負担を避けたいという思いがどうしても出てしまうのです。

「冷静で、客観的で、スマートな援助をしたい」という思い

感情的になると冷静な援助ができない、という前提が、医療や教育現場で重視されています。感情的になるのはカッコ悪いと感じている人も少なくありません。ただ、それではきちんとかかわっているという「味方感」が出にくくなります。

本当は、感情的対応と理性的対応の上手なバランスが必要なのですが、感情の取り扱いは教えにくいので、授業にはありません。一方、論理的な思考は大変教えやすいのです。

その結果、教育や訓練も、感情を排除して論理的に思考することが重視されてしまい、いざ現場に出たときに感情の機微がわからず、つい論理で説明がつきやすい専門知識に頼る傾向があるのです。

また、実習教育の場面では、依存傾向（お互いが近寄りすぎる）のほうを注意されがちです。

このように、一般的には、客観的な援助者像がよいと思われています。ただ現場では、そのような態度では、援助の基礎となる人間関係が作りにくいのです。張りぼてや見せかけといった、うわべだけの付き合いのように見えてしまいます。スタートの「敵」認定を緩めるのにもかなり時間を要し、結果として大変非効率な援助になりがちです。

相談者のつらい思いを聞いて援助者が涙を流すと、指導者から「冷静でない」と怒られる場面もあります。しかし、もし私が相談者なら、一緒に泣いてくれる援助者のほうがよいと思うのですが、いかがでしょうか。

客観的態度を重視した援助は、どうしても「人ごと感」が強くなります。弱っている人は、「自分に真剣にかかわってくれる人」を求めています。正確に言うと、「かかわってくれる感じの人がいると安心できる」ということです。大切なのは、感情問題へのケアなのです。

「聞くこと」と実際に「行動でかかわるかどうか」は別問題です。気持ちは理解しても、行動はしないとなると、なにか「うそ」をついているように感じる人もいるかもしれません。しかし、それが感情のケアになるのです。

私たちは、自分が納得する完全な正直者でいたいのか、相談者をケアしたいのか、その部分の価値観をきちんと整理しておく必要があるのです。

「自分は何者か。ただ寄り添うだけなら、必死で勉強したスキルは無駄に感じる」という思い

味方になるという人間関係で支える援助は、専門知識がなくても、誰でもできることです。

専門知識を習得するのに、多くの時間とエネルギーとお金を費やしてきた人は、どうしても、それが非常に有効なものだと思いたいのです。だから、誰でもできる（と感じる）寄り添う援助を軽く見て、「これは私の仕事ではない」と考えてしまう傾向があります。

これは、援助者としてのアイデンティティの問題でもあります。

味方になるのを邪魔する思考

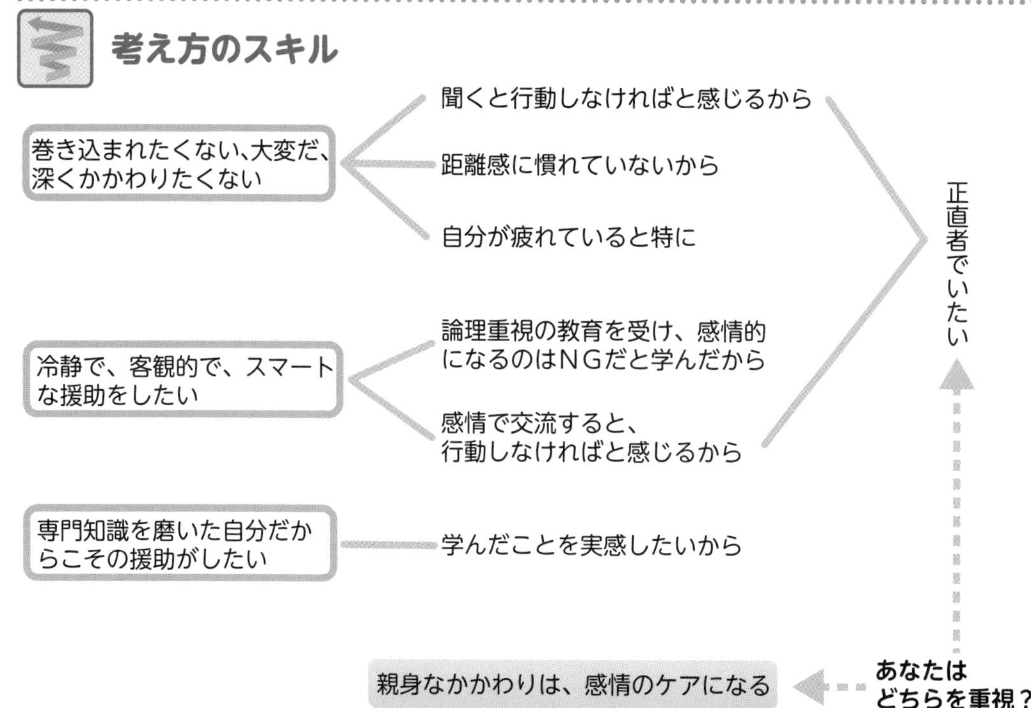

考え方のスキル
巻き込まれたくない、大変だ、深くかかわりたくない
聞くと行動しなければと感じるから
距離感に慣れていないから
自分が疲れていると特に
冷静で、客観的で、スマートな援助をしたい
論理重視の教育を受け、感情的になるのはNGだと学んだから
感情で交流すると、行動しなければと感じるから
専門知識を磨いた自分だからこその援助がしたい
学んだことを実感したいから
正直者でいたい
あなたはどちらを重視？
親身なかかわりは、感情のケアになる

これらは、多くの場合、現場経験の量によって次第に調整されていきます。ただ、現代では、なかなかこのような「調整」に慣れていない人が多く、調整される前に職を離れてしまう場合も少なくありません。

このような悩みは、話しにくいテーマですが、だからこそ、ぜひ先輩や同僚ときちんとディスカッションして、自分なりの答えを見つけておきたいものです。

上司や先輩の指示で迷うとき

本書で対人援助のポイントを学び、実際の場面で手応えを感じていても、職場の上司や先輩から、そのやり方を否定されることもあります

そんなときは、「現場に戻る」という原則を思い出してください。

上司や先輩からどんなに否定されても、相手の苦しみが減る方向での援助ができているならば、大きくは間違えていないはずです。

ところが、職場では、組織として、チームとして共同作業を行うという特性もあります。それもまた「現場」なのです。

バランスを取るには、まずは、指導してくれる上司や先輩の考え方や、その真意をきちんと聞くことです。上司や先輩は、あなたより多くの人データ、援助データを持っており、価値観もより適合的なものに整理されている場合が多いのです。ですから、まずは素直に上司・先輩の意図を教えてもらい、一度はその流れで行動し、「現場（相手の困り具合）」の変化を観察してみるとよいでしょう。

ただ、職場も上司も先輩も、完全ではなくまだまだ発展途上であることもあります。その環境のなかでは、あなたがやりたい援助ができないと感じるかもしれません。その限界をどうするかは、あなた自身の「人生」の選択の問題になってきます。

6 ケアすべき心の特性を知る

「対人援助」を行うときに、相手の心を無視することはできません。

援助は、「誰」がやってくるれるのかが、大きな意味を持つことは、第１章でお伝えしました。それは、心への影響が大きいからです。

どんな「対人援助」を提供するにしても、常に相手の心の動きを意識しながら進めていかなければなりません。そのことは皆さんもきちんと理解して、心について学ぼうとしていますが、心理学や精神医学などで学術的に学んでいるものは、直接的には現場に応用しにくいものがほとんどです。

現場で必要なのは、

・悩みや苦しみとは何か

・それが大きくなる仕組みとは

・どこをケアすれば苦しみが少なくなるのか

・どういうアプローチが有効か

などの知識です。

これが本当に明らかにされればノーベル賞ものですが、残念ながら学問としてのレベルに至るところまでは、究明されていません。

しかし、現場ではどうしても必要な知識です。そこで一案として、筆者らが現場感覚で構築してきた考え方を紹介します。

悩みと苦しみ

そもそも「対人援助」の最終目的は、相手の苦しみを減らすことです。問題解決をしても苦しみが減らなかったら対人援助になりません。

では、その苦しみはどうやって発生するのでしょうか。

ここでは、苦しみの本質を原始人的な視点から根本的に考察してみることにしましょう。

私たちは、「ヒトは根源的な宿命を抱えている」と考えています。それは、「**欲求は同時多発、体は１つ**」という宿命です。水を飲みたい、狩りをしたい、異性を追いかけたい……。生きるために必要な欲求（個の保存の欲求）だけでも、たくさんあります。それに、仲間を助けたい、信頼されたいなどの種の保存の欲求も加わります。

たくさんの切羽詰まった欲求があっても、体は１つです。どうしても優先順位をつけなければなりません。この難しい選択に深くかかわるのが「苦しみ」なのです。

一番「苦しい」と感じる欲求を満たすことで、人は何とか生きていけるのです。欲求があるから人は「苦しみ」、それを満たせばその「苦しみ」から解放される……実にシンプルなシステムです。

欲求が満たされることで、人は快を感じ、それを覚えていきます。また、ある欲求に向かって進むとき、ほかの欲求は、我慢することになります。「苦しみ」は時間とともに募るでしょう。それが一番強い「苦しみ」になったとき、その欲求を満たすための行動が選択されます。

現代人は、種の保存、個の保存のような根源的な欲求だけでなく、倫理や社会からの圧力、自分のアイデンティティなどによっても、欲求が生じ、簡単に１つの行動を選択できない状態が続くことがあります。これが「葛藤」と呼ばれるもので、悩みのもとになります。悩みとは、苦しさが伴う思考のことなのです。

「苦しみ」の根源

考え方のスキル

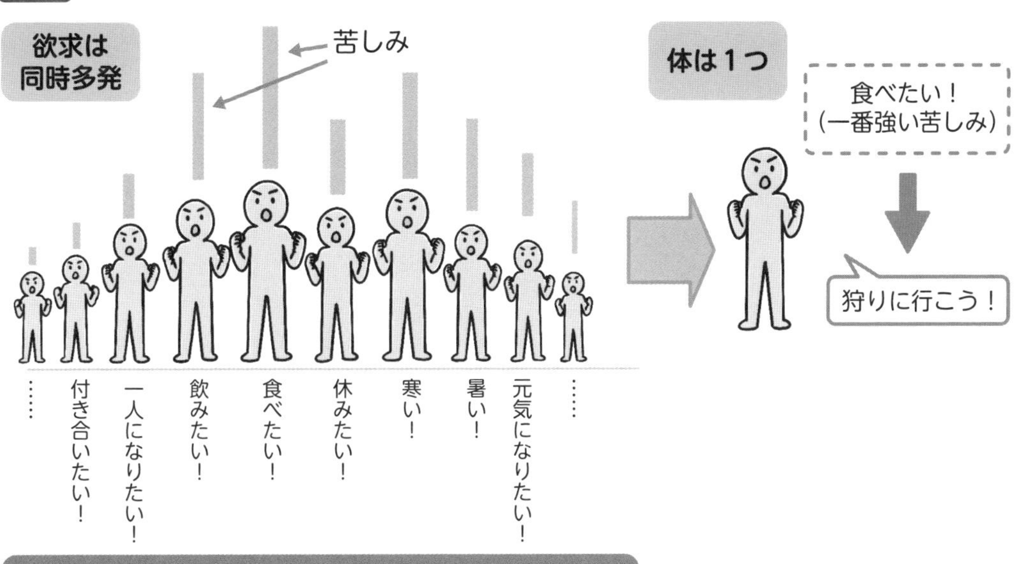

我慢でバランスを取る

考え方のスキル

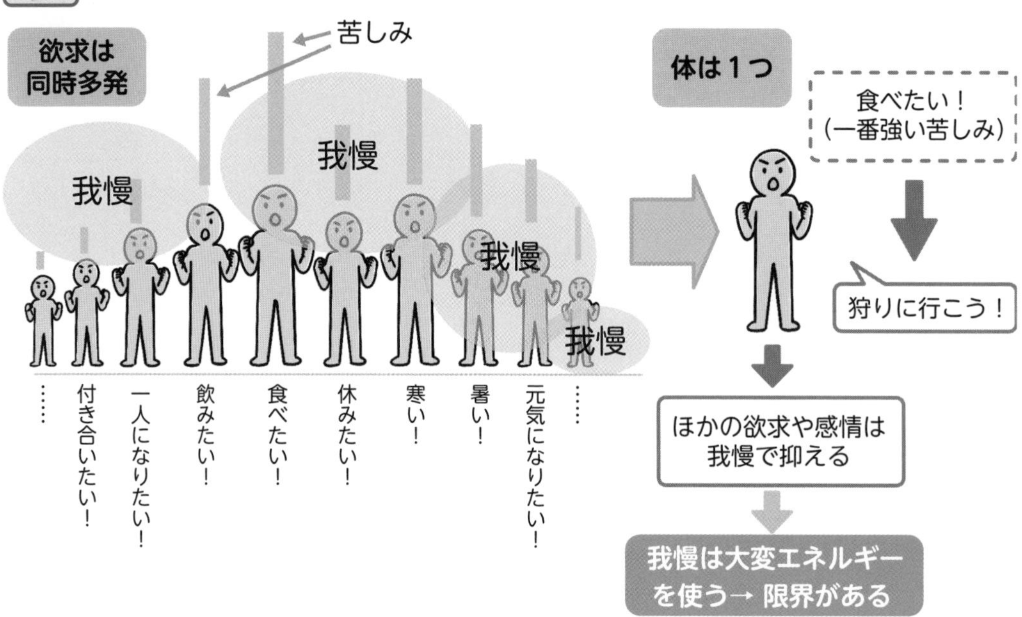

葛藤と悩み

考え方のスキル

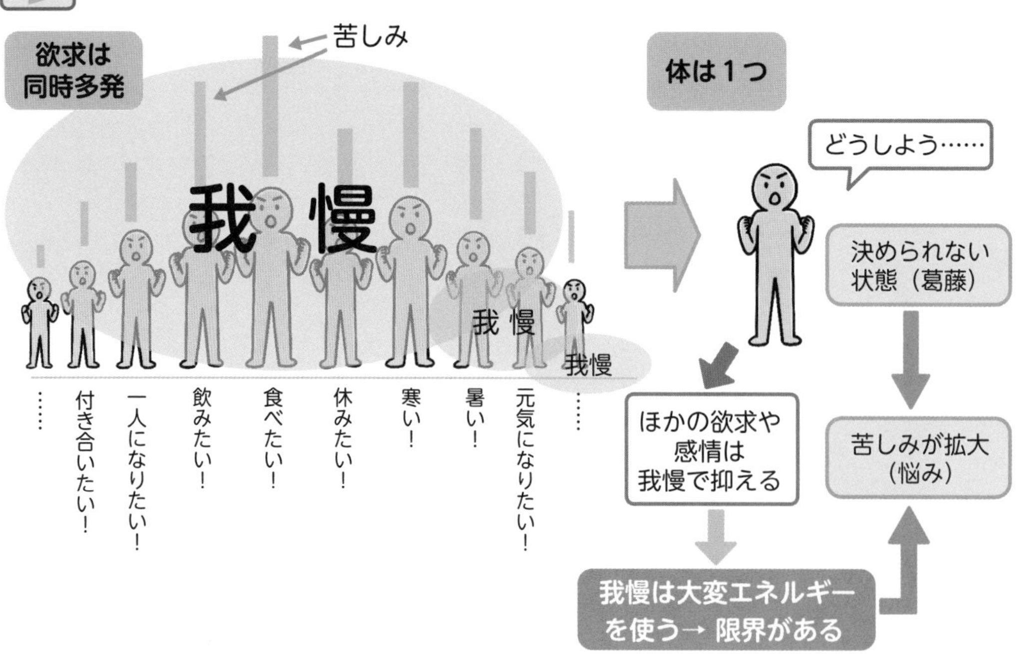

苦しみや悩みをゼロにしようとしない

苦しみの仕組みが、このようなものだとしたら、苦しみは、なくなるものでしょうか。

苦しみは、生きるために絶対的に必要な機能であり、なくなることはありません。1つの苦しみが終われば、ほかの苦しみを感じるようになるからです。苦しみはどんどん変化するのです。

なぜ、このテーマを取り上げたかというと、私たちは自分の苦しみも他者の苦しみも「ゼロにしたい」と考えてしまう傾向にあるからです。

ゼロを目指していると、いつまでも不十分、不満足な評価しかできません。

苦しみや我慢、葛藤や悩みは、ゼロにはなりません。では、何もできないのでしょうか。

そうではありません。苦しすぎる状態を少しでも、短時間にしたり、低強度にすることならできるのです。

苦しみのコップがあるとして、それがいっぱいになっていると動けません。コップの水を全部空にしたいところですが、そこまでしなくても、少しだけ量を減らせれば、コップを持って動けるようになります。対人援助職としては、そこを目指しましょう。

コップの水をゼロにしなくてもいい

考え方のスキル

苦しさ（程度、強さ）を理解する

対人援助の現場で、もう１つ理解しておきたいのは、苦しみは「**その人だけのもの**」であるということです。共通尺度はありません。つまり、ある刺激による自分の苦しみと他者の苦しみは、同じではないのです。

ところが、私たちはよくそのことを忘れてしまいがちです。

それは、人が想像力をはたらかせることができ、コミュニケーションをとり、集団で行動する生き物だからです。

集団で活動するには、他者の動きを想像しなければなりません。他者の動機の主体となる苦しみを想像する必要があったのです。このとき、自分の苦しみの経験を活用するようになりました。つまり、ある程度は相手の苦しみを想像できるのです。これが「共感」です。

しかし、その共感は、自分の苦しみ体験がベースとなっているので、決して相手の苦しさと同じではないということを、忘れてはいけません。

対人援助の現場では、経験の少ない援助者は、相手の苦しみを軽く見てしまいがちです。

例えば、さまざまな依存症的な行動に対し、「自分なら我慢する」と感じている人が多いと思いますが、そう感じていると、なかなか「味方」にはなれません。

私たちはアルコール依存症の家族や同僚に、「アルコール依存の人にとってアルコールとは、乾いて死にそうな人にとっての水と同じものだ」と説明します。この水は飲んだら病気になると理性で理解していても、ぎりぎりの状態になれば、生きるためには飲むでしょう。その苦しさのレベルを共有できたとき、味方感が生まれるのです。

苦しみの程度、種類、強さを共有したい

考え方のスキル

理性によるシミュレーション

酒
お酒、飲まないためにこんな工夫してみた？
自分の経験

自分が好きな酒（ジュース）を我慢しているときのことを想像している援助者

ちっとも理解してくれてない

炎天下の砂漠で倒れ、今にも死にそうなほど、のどがカラカラ！目の前に、水の瓶。それが汚水だとわかっていても、飲みたいと、手をのばしている状態

想像する苦しみの強さが違う

苦しみに共感するために

苦しみの細部を聞いてみる

頻度　その「苦しみ」は1日に何度くらい襲ってくるのか

期間　その「苦しみ」にどのくらいの期間耐えているのか

苦しみの質・量

その「苦しみ」をたとえると？（真夏の砂浜で裸足で立っているよう、じりじり押され、がけから突き落とされそう）

それに耐えようとするとどうなるのか？（発狂しそうになる、めまいがする、すべてを投げ出してしまいたい）

その「苦しみを」どのようにして耐えているのか？（一切外に出ないようにしている、自分を傷つけて忘れようとしている）

そのとき、どんなことを考えるのか？（何も考えられない、自分が本当にダメな人間だと思う）

感情が苦しみを拡大させている

さて、いよいよ苦しみを小さくするための方法について考察を進めていきましょう。

すでにこれまでお伝えしてきたスキルでも、「敵」認定を緩め、きちんと話を聞くことによって味方の関係になれば、相手の苦しみはかなり減ってきます。

それ以外にも、苦しみを減らすコツがあるので、順番に紹介していきましょう。

その際、重要な対象となってくるのが感情です。

感情が、葛藤や悩みを増幅させているのです。逆に言うと感情を上手にケアできれば、苦しみを少なくすることができます。

では、そもそも感情とは何なのでしょう。

欲求・快と苦・感情・理性

考え方のスキル

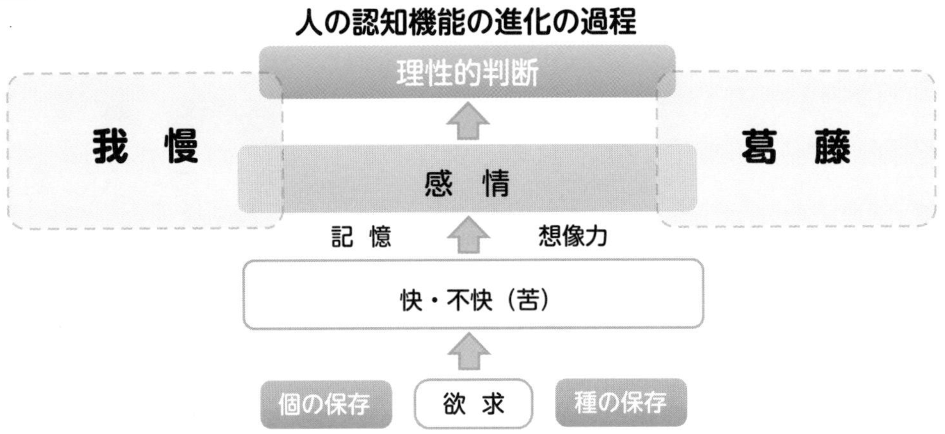

感情の役割

人間は、危険に対し、ほかの動物のように甲羅で身を守ったり、脚の速さで逃げたり、牙や爪で外敵に応戦する戦略をとらずに、高い知能で予測し、コミュニケーションを活用し、集団で対処して生き残ってきた動物です。

できるだけ早く対処するために、危険な気配を感じたときには過去の苦しさを思い出し、さらにそれを増大させる方法をとったのです。これが、**感情の役割**です。

危険な情報に接すれば、攻撃や逃避に必要な恐怖や怒りの感情が沸き、いち早く行動できるような思考と体を準備します。素敵な異性に巡り合えば、恋愛の感情がはたらき、恋の競争に負けないように準備もできるのです。

この感情は、生命の根本欲求が脅かされそうなときには強く発動し、理性を凌駕する力で私たちを突き動かします。どんなに冷静な人でも、感情の力には勝てません。それが現実なのです。

さて、この感情は、今説明したように、苦しみを拡大させて、私たちに行動するようにはたらきかけます。

現代人のさまざまな苦しみや悩みは、この感情によって拡大された苦しみであることが多いのです。

つまり、感情が落ち着けば、今の苦しみが縮小する可能性があるのです。

通常、私たちが何かで苦しいとき、根本の問題解決や苦しい思考の修正、性格の修正などに目が向きやすいのですが、現実的には、この感情をケアし、苦しみのボリュームを下げるという方法論が、最も簡単で効果的なのです。

苦しみの形は変わらないが小さくする援助

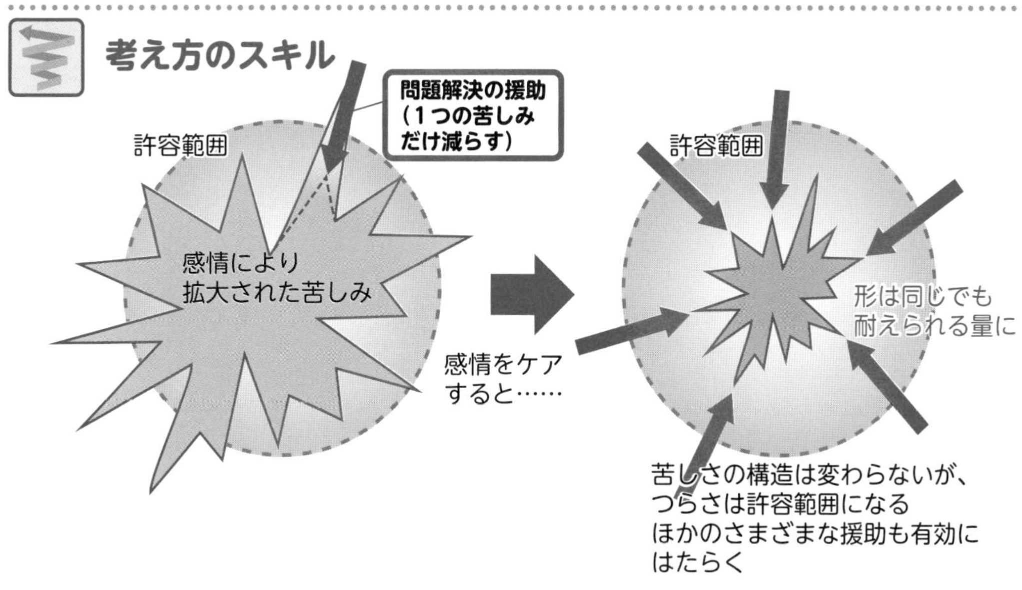
考え方のスキル
問題解決の援助
（1つの苦しみ
だけ減らす）
許容範囲
感情により
拡大された苦しみ
感情をケア
すると……
許容範囲
形は同じでも
耐えられる量に
苦しさの構造は変わらないが、
つらさは許容範囲になる
ほかのさまざまな援助も有効に
はたらく

感情の３段階モデル

感情により苦しみが拡大する様子をイメージしやすくするために、「**感情の３段階モデル**」を紹介します。

１段階は、通常の感情状態です。そこで、ある刺激、例えば、「クレームを受けた」「試験に失敗した」「徹夜した」などのいわゆるストレスを受けたとします。すると、ショックを受けたり、あるいは疲弊したりするなどのダメージを受けます。しかしそれも、数日もすれば、ダメージが回復し元に戻ることができます。

何らかの原因で、私たちの感情が強く発動することがあります。「少し感情的になってしまって……」と感じるときです。これを**感情の２段階**と呼んでいます。２段階は、別名"**２倍モード**"です。この段階で前回と同じストレス（クレーム、試験の失敗、徹夜）を受けると、２倍の苦しさを感じ、回復するまで２倍の時間がかかります。

さらに、深刻な事件や事故に遭ったときに、人は**感情の３段階**（"**３倍モード**"）になります。同じ刺激で３倍の苦しさを感じ、回復にも３倍の時間がかかります。

同じ刺激に対して３倍敏感になるのは、同じ音を聞いても、３倍の音量で聞こえてしまう感じだと想像してください。１倍ではよい音楽も、３倍ではうるさくて耳をふさぐ感覚です。

この増幅機能は、悪いことのように感じるかもしれませんが、ここまで説明してきたように、ある危険刺激に際して、いつもより３倍強く反応して、苦しいけれど、その分、危険を早く回避する行動をとるためのモードだと考えてください。

東日本大震災の後は、緊急地震速報の音にとても強く反応（２～３倍）して、それが苦しいと訴える人が少なくありませんでした。しかし、それは、地震が来たらすぐに避難できるようにするための緊張感（感情）を与えてくれていたのです。つまり「命を守ろう」としてくれる反応だったのです。

「感情」の３段階モデル

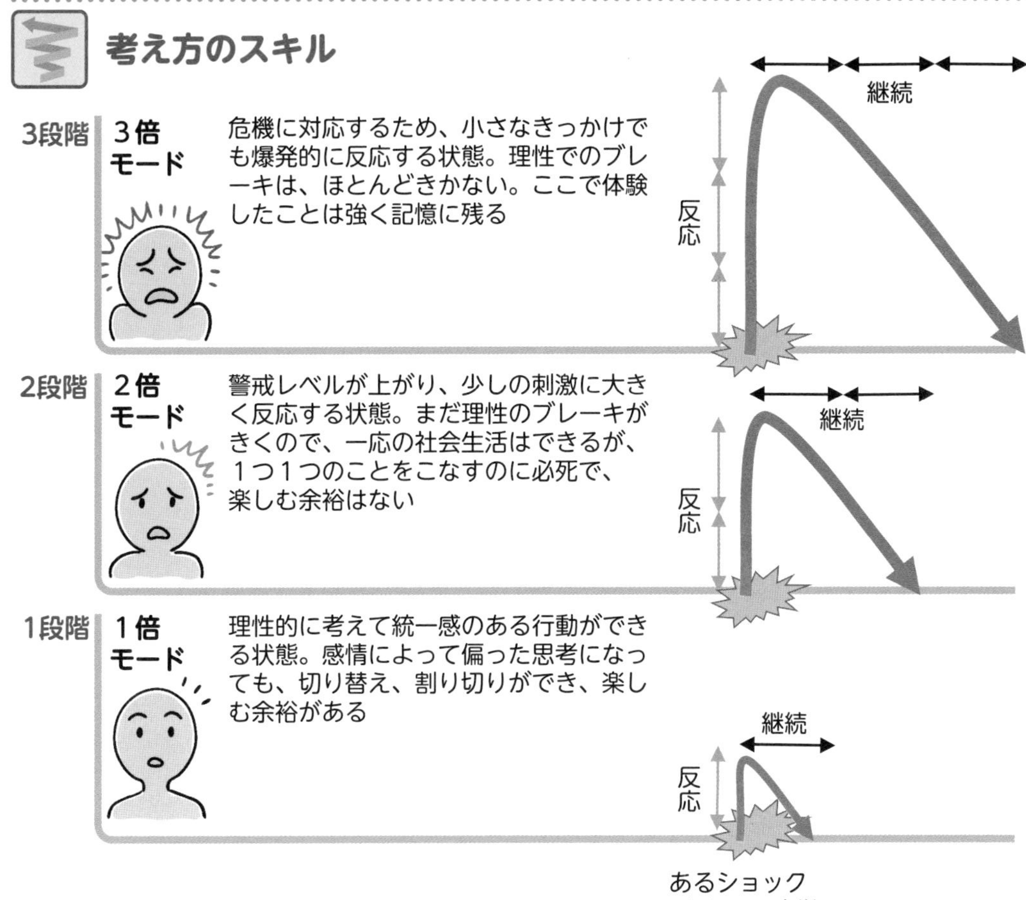

考え方のスキル
3段階
3倍
モード
危機に対応するため、小さなきっかけでも爆発的に反応する状態。理性でのブレーキは、ほとんどきかない。ここで体験したことは強く記憶に残る
反応
継続
2段階
2倍
モード
警戒レベルが上がり、少しの刺激に大きく反応する状態。まだ理性のブレーキがきくので、一応の社会生活はできるが、1つ1つのことをこなすのに必死で、楽しむ余裕はない
反応
継続
1段階
1倍
モード
理性的に考えて統一感のある行動ができる状態。感情によって偏った思考になっても、切り替え、割り切りができ、楽しむ余裕がある
反応
継続
あるショック
ストレス、疲労

人は感情の３段階を波のように行き来している

人は、この**感情の３段階**を行き来しています。平穏な日々は、１段階で過ごせますが、何らかのトラブルがあると、２段階で警戒態勢を作ります。そのとき、追加の刺激がなければ、また１段階に戻りますが、もし危険刺激が続けば、３段階に移行して、ついには爆発してしまうこともあるでしょう。

このように状況の変化に応じて、感情の波があるのですが、それ以外にも波の平均値が上がってくる場合があります。

例えば、海水面を見ると、小さい波やうねりを観察できますが、それとは別に、水位の平均値が変化する満ち潮、引き潮などのような現象があるのと同様に感情でも、何も外的刺激がないのに、まるで潮位が高くなっているように常に２段階以上

の感情が継続している場合があります。「対人援助」で相手の心のケアが難しくなるケースのほとんどが、この慢性的に２段階以上の感情が発動している状態なのです。

どうして、そうなってしまったのかといえば、現代人特有の我慢と葛藤が大きくなり、自分が気がつかないうちに、疲れ果ててしまっているのです。

疲労困憊状態は、動物として「弱った」状態であるので、自分の身を守るために感情の２倍・３倍モードが発動します。そして自分が弱った、つまり疲れた状態でいる限り、この感情の２倍・３倍モードが続いてしまうのです。

このような常に感情が２段階から３段階にある状態が、いわゆる「うつ」という状態だと思ってください。

感情の基本レベル（潮位）の変化

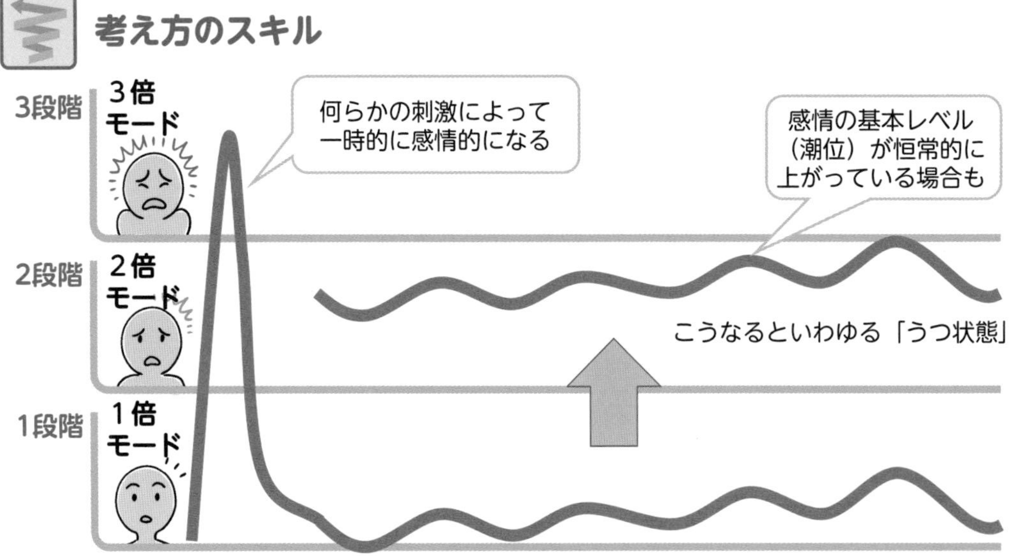

感情の基本レベル（潮位）が固定的になると

考え方のスキル

3段階	3倍モード	山積みの問題に圧倒されている。過剰にネガティブ、楽しみを見出しにくい。過剰に不安、将来に希望を持てない。過剰に自分にダメ出しする。思考が回らない、集中できない、行動できない、やる気（意欲）が出ない、アドバイスを受け入れられない、体調不良がひどくなる
2段階	2倍モード	傷つきやすい、根気のない自分に自信を失いはじめる。イライラ・不機嫌、うっすらとした不安、悲しみに深くとらわれている。体調がよくない（不眠、身体のさまざまなトラブル）、パフォーマンスの低下、弱みを見せたくない（認めたくない）
1段階	1倍モード	理性的に考えて統一感のある行動ができる。切り替え、割り切りができる。問題解決の思考で落ち着く。問題解決のためのヒントを求める。新たな視点で大きな変化を起こしても対応できる。トラブルを成長の一環としてとらえられる。モチベーションを刺激したいと思える

現代人の場合、**うつ状態になるのは……**

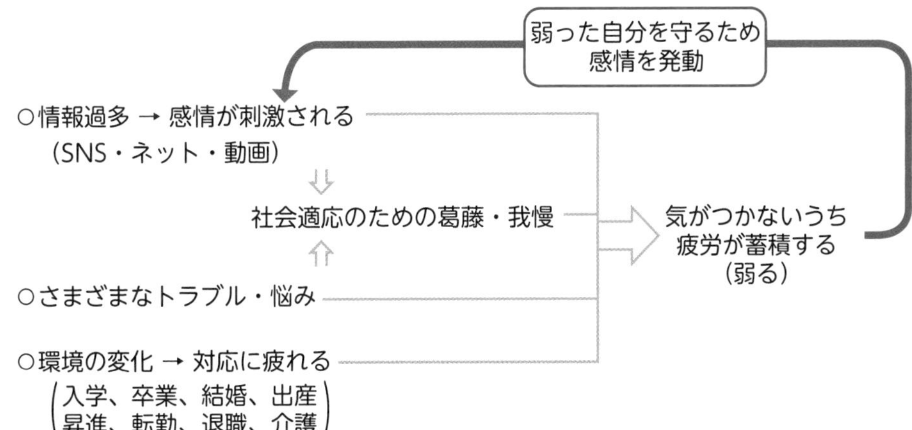

8 心理的ケアにはコツと手順がある

ケーキを作るとき、ただ、材料を混ぜてオーブンで焼けばおいしいケーキができ上がるわけではありません。オーブンの予熱など器具の準備や、材料の混ぜ合わせ方１つとっても、加える順番や湯煎しながらなどのコツと手順(プロセス)があります。

これと同様に、心の対応にもコツと手順があります。

コツとしては、心を柔らかくしてから、変化の刺激を適度に与えてみることです。このとき、強く与えすぎると反発するので、バランスが重要です。

大きな手順としては

1. 心を柔らかくするため、「敵」認定を緩めます。
2. 味方の関係を作り、安心感を高めます。
3. 相談者が持つ不安などのつらい感情をケアします。
4. これまでの感情へのケアが進むと理性がはたらくようになってくるので、いよいよ現実問題を一緒に検討していきます。

例えば、植物の枝を力任せに誘引しようとして無理に曲げると折れてしまいます。心も同じです。目先の現実問題(多くの場合主訴)を小手先だけで修正しようとしても、相手から反発されるし、修正も一時的なもので終わります。

しかも、心は植物とは違い、その幹や枝葉のつき方が見えるわけではありません。今どの段階のどんな状態にあるのかは、やってみないとわからないのです。やってみて、プロセスを修正しながら進めていくのが、現場の援助です。

MC３では、これらの一般的な手順を、メッセージに注目することで簡単に理解できるように、**9つのメッセージ**として紹介しています。「悩んでいる人」に対する援助手順のパターン化です。悩んでいない人、つまり感情の１段階にある人への援助では、プロセスはあまり重要ではありません。どのメッセージでも、どんな順番でも受け取れます。それが、「**頑張れルート**」です。

一方、感情の２段階・３段階にあって悩んでいる人には、「**守ってあげるよルー**

ト」の９つのメッセージを、下から上がっていくやり方がうまくいきやすいのです。

自分の対応が今、どんなメッセージになっている（として受け取られている）かをきちんと考えたうえで、メッセージの階段を上がるようにケアを進めてみましょう。

２つのルートと９つのメッセージ

考え方のスキル

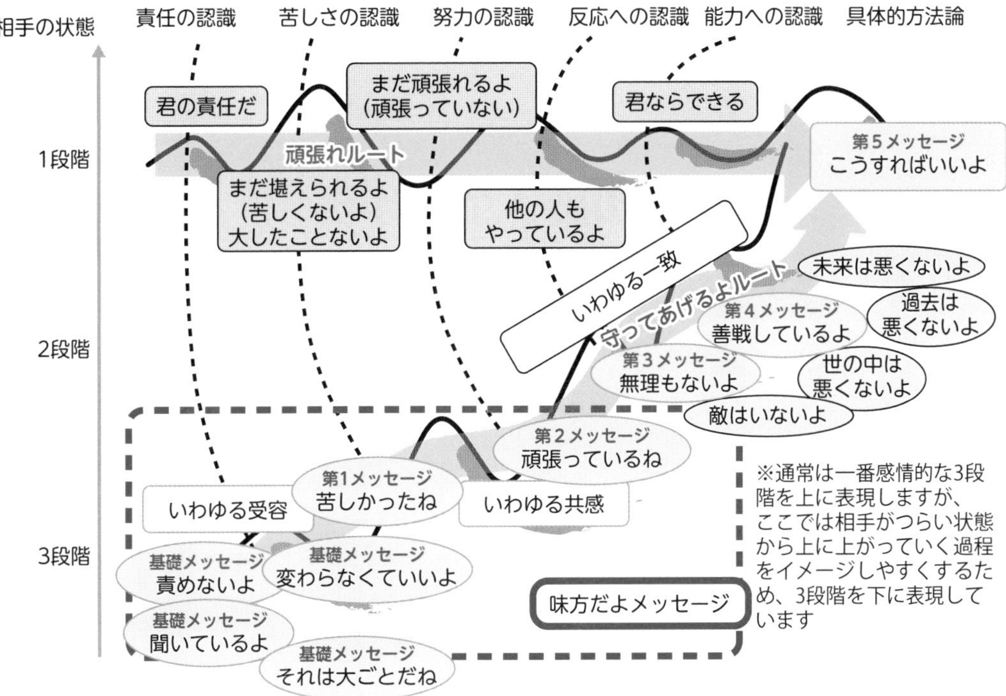

相手の「変化の可能性」を理解する

「対人援助」のなかで心理的ケアをするとき、経験の少ない人が特に意識しなければならないのは、相手の変化の可能性の把握です。今の思考や感じ方を変えられるか、「**心の硬さ**」の判断です。

ここで紹介した感情の３段階のうち、３段階の状態は、「心の硬さ」が最大級で「変わらない人」なのです。それを変えようとすると、相手は、「責められた」「攻撃された」と感じます。

２段階までは、まだ、理性である程度コントロールできるので、日常会話をしているときには、にこやかにしていられますが、場合によっては（アドバイスや詰問をされると）、急に３段階になり、抵抗したり、怒り出してしまうこともあります。第１章でお伝えした「敵」認定になってしまうのです。

学校や専門書などで習うのは、変えるための援助であることが多いのです。受容・共感を重視するカウンセリングでさえ、「行動変容を目指す」という定義をしている場合があります。

「問題があるから、変える」は、とても明快な論理なので、頭のよい人ほど、すぐにそのアプローチを強く進めてしまいますが、それは、人の特性を十分考慮していない援助方法だともいえるのです。

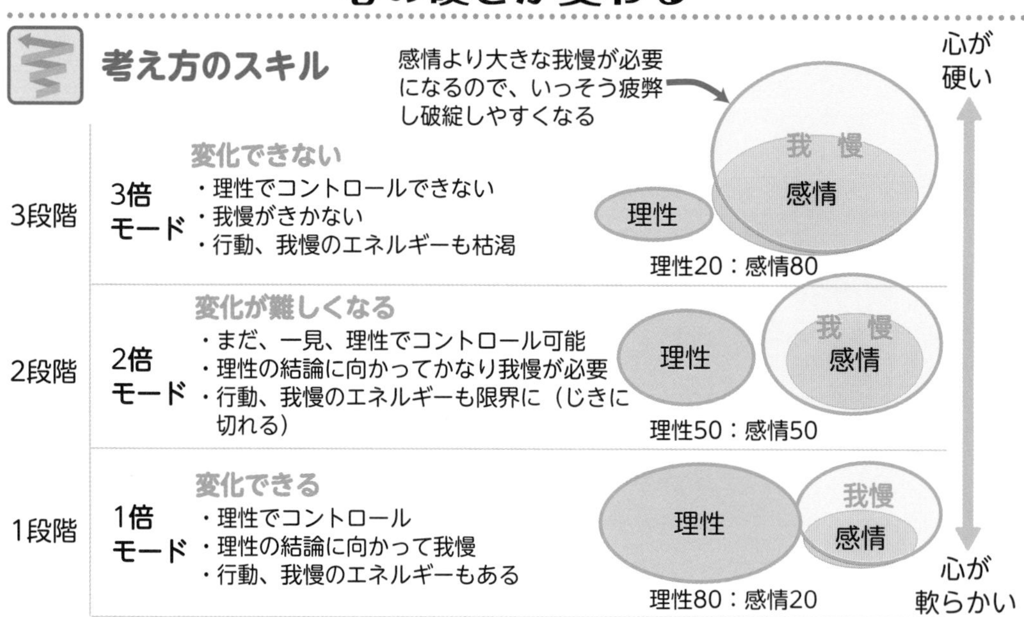
心の硬さが変わる
考え方のスキル
感情より大きな我慢が必要になるので、いっそう疲弊し破綻しやすくなる
心が硬い
3段階
3倍モード
変化できない
・理性でコントロールできない
・我慢がきかない
・行動、我慢のエネルギーも枯渇
理性
我慢
感情
理性20：感情80
2段階
2倍モード
変化が難しくなる
・まだ、一見、理性でコントロール可能
・理性の結論に向かってかなり我慢が必要
・行動、我慢のエネルギーも限界に（じきに切れる）
理性
我慢
感情
理性50：感情50
1段階
1倍モード
変化できる
・理性でコントロール
・理性の結論に向かって我慢
・行動、我慢のエネルギーもある
理性
我慢
感情
理性80：感情20
心が軟らかい

３段階では無理に変えない

３段階の状態にあるとき、無理に変えようとしてはいけません。９つのメッセージを駆使する「守ってあげるよルート」で進めていきましょう。「聞いているよ」「大

ごとだったね」「変わらなくていいよ」「責めないよ」「苦しかったね」「頑張っているね」という「味方だよ」メッセージを出して味方の関係ができると、一時的でも２段階、１段階へと落ち着いてきます。そうなったときにはじめて、「変える方法論」が有効になってくるのです。

さてこの項の冒頭で「刺激を与えるバランスが重要」という大きなコツをお伝えしました。９つのメッセージプロセスを進めるうえで、このコツをどう活かすかの例を紹介します。

例えば、ある人が近所付き合いで悩んでいたとしましょう。ゴミの当番の問題で言い掛かりをつけられて以来、どうも、日々自分のことを見張られているような気がします。

この場合、外的問題が「ゴミ当番問題」です。感情の苦しさは、監視されている不安です。

ここまで読んできた皆さんは、現実問題より感情問題を取り扱うことが大切だとわかっていますよね。感情問題のなかでも、まずは「敵」認定を緩めるため、「聞いているよ」「大ごとだったね」「責めないよ」「変わらなくていいよ」というメッセージを出します。続いて「苦しかったね」「頑張っているね」メッセージを出して味方になります。

つまり、この段階では近所の人が監視しているという訴えを否定せず、もしそうだとしたら大変苦しいだろうなぁと想像しながら、相談者の苦しさや頑張りを認めてあげるのです。「ゴミ当番問題」の解決策も、まだ考えません。

そして、味方の関係が深まっていくと、いよいよ感情の問題や現実問題に一緒に取り組むことができるようになります。

もしこの手順で進めていても、相手が抵抗したり、同じことを何度も訴えたり、黙り込んでしまったり、会話が弾まなくなったら、プロセスの進み方が早すぎたのだと察してください。

その場合、最初のプロセスから積み上げ直す必要があります。

「ちょっと違う感じがするのですか。どのあたりが違うのか、もう少し教えてもらえますか？」と「聞いているよ」Ⓜから再出発するのです。

最初からやり直す、と聞くと、とてもがっかりするかもしれませんが、人間関係はそれぐらい丁寧にやらなければならず、簡単に築けるものではないのです。

9 感情をコントロールするという発想（変われⓂ）より「ケアする」という発想

私たちは誰かが苦しんでいるとき、その人の話を聞いて、何となくわかるのが、
「感情的になって、理性的思考をしていない」
「そもそも考え方が間違っている（偏った価値観が強い）」
の２つです。

そういう状態を見ると、自然に、感情を押さえて、考え方を変えてあげたいと思います。

ただ、「**感情を理性で抑えろ**」も「**価値観を変えろ**」も、どちらも「**変われ**」Ⓜ（メッセージ）です。

まず、「感情を理性でコントロールする」ですが、それがうまくいくときはよいのですが、現実には、うまくいかないことのほうが多いものです。

また、感情を制御しようとすると、我慢するのに大きなエネルギーを使います。元気なときはよいのですが、少し弱ってくると、それができなくなって、悩みや葛藤となってくるのです。

「感情は悪で、制御できるのが人間であり、大人なのだ。そうでないとダメな人間になる」という脅しが有効なのは、１段階にある人だけです。脅しは不安を掻き立て、エネルギーを消耗させます。１段階ならモチベーションになるかもしれませんが、２段階以降はやめておいたほうがいいでしょう。

「対人援助」で心理的ケアをするときは、相手は２段階か３段階にいることがほとんどです。感情を制御しようとする方法論ではなく、違うアプローチが必要になります。

それが「**感情のケア**」という発想です。

感情の本来の動きを、否定したり、抑え込んだりするのではなく、ある程度尊重（受容・共感）するのです。もちろん感情に巻き込まれて行動に移すのは避けなければなりませんが、感情の言い分を聞く作業をするのです。

感情を悪者とするのではなく、欲求や感情の言い分について、自分（相談者）の心のなかで味方の関係を作り、童話『北風と太陽』に出てくる太陽のように、寄り添う

ことで感情が収まるように付き合っていく方法です。

感情のケアがうまくいくと、感情そのものの強度が下がるだけでなく、それまで必要だった我慢のエネルギーも使わなくてすむようになり、二重の効果で苦しみのボリュームが下がってきます。

これが、問題を解決しなくても、苦しみのボリュームを下げるという援助になるのです。援助者は相手がこの感情のケアを進められるように援助しましょう。

感情を制御するのではなく、「ケア」する

考え方のスキル

感情をコントロールする

理性：ごわごわの
コートなんか
脱いでしまえ！

我慢の
エネルギー
を使う

感情：コートを脱ぐ
のは怖い

感情を認める（ケア）

理性：コートを着てい
たければ着てい
ても大丈夫だよ

我慢の
エネルギー
はいらない

感情：あ、案外
暑いかも…

外的問題：歩いて教会に行く

感情の特性を理解してケアする

では、どうやって感情にとっての「太陽」になればよいのでしょうか。

私たちが社会で鍛えてきた一般的な問題解決法は、論理的に考え、行動するものです。論理的に考えると、通常、感情は悪、それを意志力（我慢）で止めようとします。これは北風方式です。ただ、この手法では、感情はうまく扱えません。この「変われ」Ⓜがうまくいかないのは、エネルギーが低下しているからだけではありません。はたらきかけるべき「手段（使用言語）」も違うのです。

感情は論理ではなく、イメージや体感、時間、雰囲気などで動く

理性は論理で動きますが、感情は論理ではなく、**イメージ**や**体感**、**時間**、**雰囲気**などで動きます。

もともと感情は、苦しい仮想現実を見せ、体に切迫感（苦しみ）を感じさせ、動物を動かそうとする機能です。感情を収めるには、安心できるイメージや、体感、時間、雰囲気を作らなければならないのです。

感情の２段階・３段階になると、だんだん理性がきかなくなってきます。その状態でいくら論理的によい案を提示して、熱心に説得しようとしても、「怖い顔をして怒られた」と受け止められてしまいかねないのです。

感情をケアしたければ、**イメージ**、**体感**、**時間**、**雰囲気**を上手に使うことです。

認知症ケアで目覚ましい成果を上げている「ユマニチュード」もこの感情の特性を適切にとらえたアプローチです。

また、第１章で、基本のスキルとして、笑顔や表情が大切と説明したのは、このためなのです。

どのような**イメージ**、**体感**、**時間**、**雰囲気**を作ればよいのかわからないなどと悩む必要はありません。常識的に「大切な人に配慮しよう」とするだけで十分です。重要なのは、説得、教育、強制、しつけを（今は）「しない」ということのほうです。

感情の使用言語（影響を及ぼすルート）

考え方のスキル

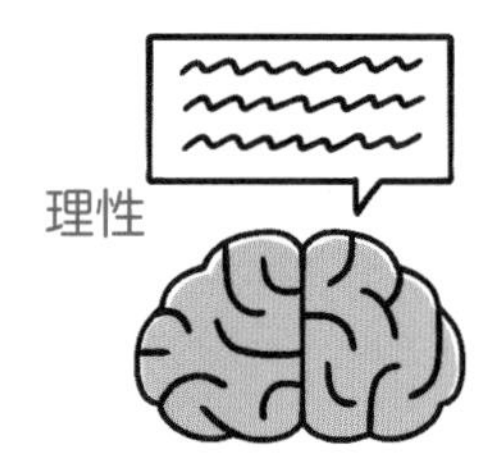

説得、教育、強制、しつけ

北風

論理、倫理、シミュレーション、計算

五感からのイメージ、体感、時間、雰囲気

イメージ：映像、光、象徴、偶像、ステレオタイプ、敵味方
体　感：接触、お風呂、肌触り、過敏、味覚、空腹満腹、温度・湿度
時　間：警戒系はすぐに、安心系は時間がかかる
雰 囲 気：音、音楽、アロマ、装飾、服装、場所、気配、警戒・安心

価値観の修正にこだわらない

人は誰でも、もともとネガティブな感じ方・考え方を持っているものです。

そのような偏った価値観は、悩みごとのスタートになることがあります。このとき、誰かに相談したり、本を読んだりして、幸運にも新たな視点が得られて目から鱗が落ちるように、悩みが吹っ切れることもあります。このような体験を**価値観の修正**と呼びましょう。これは、大きな効果があるので、悩んでいる人も、援助者も、つい惹かれる悩みへの対処法です。認知行動療法、交流分析、精神分析などのような心理学や、自己啓発、宗教などでもいろいろなヒントが得られるでしょう。ただし、重要なことがあります。

相手の「変化の可能性」（p.65）でも強調しましたが、価値観の修正、つまり変化できるのは、第１段階だけなのです。

それにもかかわらず、２段階・３段階になればなるほど、苦しいので、本人は変わりたがります。そのため援助者も、「本人が望むことだから」と応じがちです。

しかし、価値観を変えるには、エネルギーと時間がかかり、自分へのダメ出しをすることになるので、よほど本人の調子が整っていないと、成果が出るものではありません。一時的な成果を感じても、すぐに元に戻ってしまい、逆に自信をなくすケースが多いのです。

価値観の修正が可能なのは１段階だけ

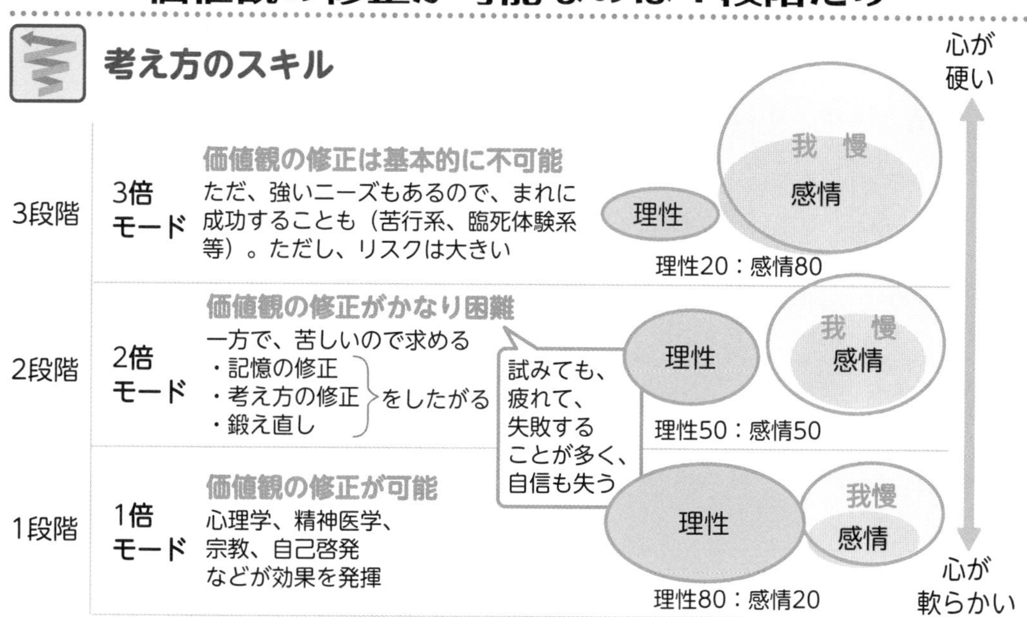
考え方のスキル
心が硬い
3段階
3倍モード
価値観の修正は基本的に不可能
ただ、強いニーズもあるので、まれに成功することも（苦行系、臨死体験系等）。ただし、リスクは大きい
理性
我慢
感情
理性20：感情80
2段階
2倍モード
価値観の修正がかなり困難
一方で、苦しいので求める
・記憶の修正
・考え方の修正
・鍛え直し
をしたがる
試みても、疲れて、失敗することが多く、自信も失う
理性
我慢
感情
理性50：感情50
1段階
1倍モード
価値観の修正が可能
心理学、精神医学、宗教、自己啓発などが効果を発揮
理性
我慢
感情
理性80：感情20
心が軟らかい

10 感情にはたらきかける５つの要素 <感ケア5>

これまで援助をするときに使っていた、「論理的に考えてアドバイスする」「感情を制御させる」「考え方、価値観を変える」という方法論を避けるとなると、あなたは「じゃあ、どうすればよいのだ」と感じてしまうことでしょう。

そこで、感情の２倍・３倍モードになっている人には、次の５つの側面からケアを進めましょう。

①刺激（連続性）

②体調・蓄積疲労

③個人の対処法

④記憶

⑤自信（「できる」の自信、「いつもの自分である」の自信、「居場所がある」の自信）

この５つを、感情をケアするために有効な５つの要素、略して**＜感ケア５＞**と呼んでいます（「かんけあファイブ」と読みます）。

＜感ケア５＞

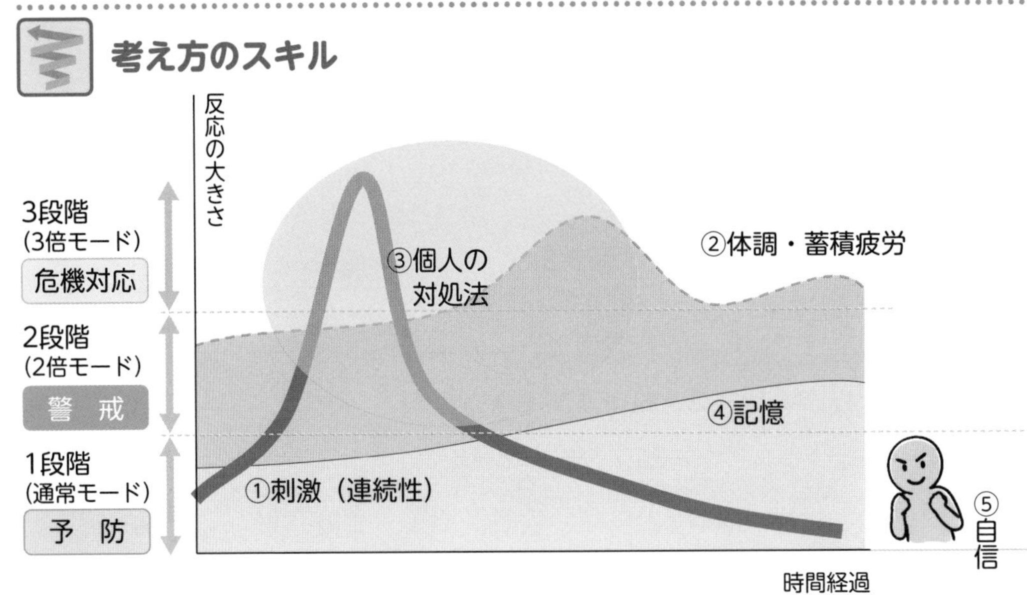

生まれつきの感受性の差は変えがたい

これまで、表面的な問題を解決するという援助以外に、苦しみ全般の感受性を下げるという援助があることをお伝えしてきました。

一口に苦しみの感受性と言っても、いわゆる感じやすさ（センサー）には、生まれ持った個人差があります。昨今は「繊細さん」という言葉もよく聞くようになりましたが、一般の人とHSP（Highly Sensitive Person）の人とでは、感度に大きな差があることも確かです。

しかし、そうした生まれつきの性質・要素については、あまり修正の余地がありません。そうであれば、対人援助の場では、現実的かつ効果的に修正できる要素にはたらきかけていくべきであり、それがここで紹介する５つの要素＜感ケア５＞になるのです。

この５つの要素は確実に修正できることに加えて、上手に調整（ケア）できれば、「感受性の差」以上の効果を発揮する可能性もあります。

これまで紹介してきた感情の３段階モデルで、３段階では３倍というのは、エビデンスのあるものではなく、筆者の個人的感覚を表現したものです。ただ、現場では共感してもらうことの多いモデルです。そのスケールでいうと、感受性の個人差は、あっても1.5倍から２倍ぐらいのものでしょう。

変わりにくい感受性にこだわるより、疲労困憊状態へ対処するだけでつらさを３分の１にできる可能性があるとすれば、まずは、＜感ケア５＞からのケアを試してみるべきだと思います。

<感ケア5>

スキル 刺激(ストレス)から離れる

1倍モードなら、刺激に慣れるという方法もとれますが、援助する相手はすでに苦しみを2倍3倍に感じてしまう状態です。とにかくストレス、つまり苦しさをこれ以上大きくしないための工夫が必要です。

具体的には、嫌だと感じている人、物、仕事(活動)、場所などから距離をとることです。

物理的な距離がとれない場合でも時間的、イメージ的に少しでも離れることができると、感情が次第に落ち着いていきます。

一方で、例えば、不満やイライラは、一旦発動すると数日は続いてしまう傾向があります。

「敵」に遭遇したら、しばらくは警戒するのが当たり前だからです。ですから、刺激から離れたからといって感情がすぐに1段階に戻るとは期待しないでください。昔から、時薬(ときぐすり)といわれているように、時間をかけないと感情は低下しないのです。

一度リセットする

「刺激から離れる」となると、「問題から逃げている」ように感じる人も多いと思います。そのような人には、感情の2倍・3倍モードの説明をしたうえで、今は理性がはたらかない状態であることを理解してもらいます。はたらかない頭でいくら考えても、よい案は浮かびません。

フリーズしたコンピューターを再起動させると、サクサク動く状態になるように、一度頭をリセットしてみると、今悩んでいる問題も簡単に解けるようになります。刺激から離れるということは、問題から逃げるのではなく、むしろしっかり問題と向き合うための再起動プロセスに入っている、などと説明してみてください。

刺激からのアプローチ

考え方のスキル

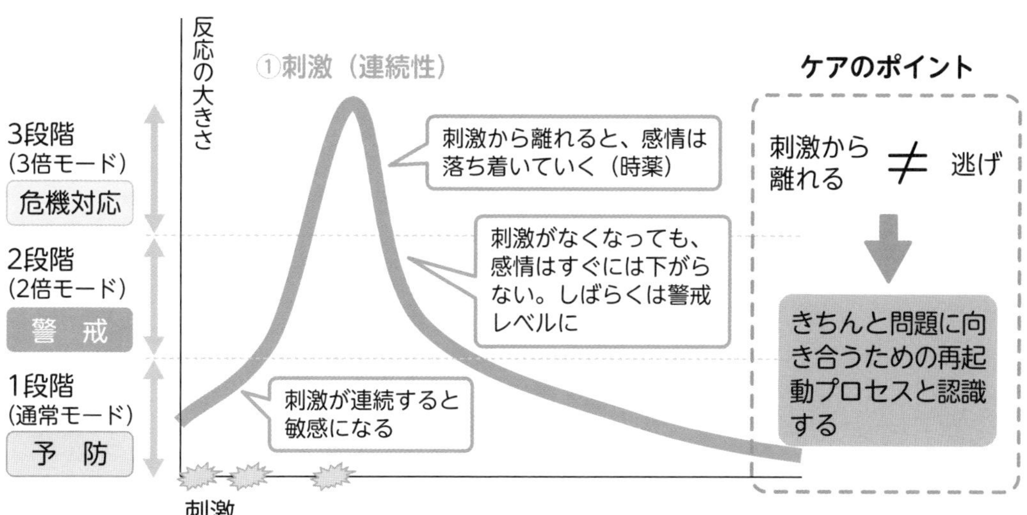

<感ケア5>

スキル 体調を整え、疲労を回復させる

体調の悪さと疲労は、生命の危機につながるので、感情の平均値(潮位)が恒常的に2段階・3段階になってしまう原因になります。

それを予防し、回復させる一番の方法は、休息すること、つまり睡眠をとることです。いろいろ細かいことは考えなくてもよいので、とにかくいつもより1時間でも2時間でも長く睡眠をとります。

現代人は、知らないうちに疲労を溜め、それが原因でうつ状態(感情の2段階・3段階)になることがあるのですが、睡眠をしっかりとるようにすると、多くの人が改善します。

現代人の場合、「ストレスから離れる」ことと、「疲労を回復する」こととをワンセットで行うことが多いと思います。前述したように感情の使用言語(p.70)、つまり感情にはたらきかける要素は、イメージ、体感、時間、雰囲気ですから、この4つのポイントを意識して、ゆったりできるような時間をとることで、感情を緩めていきます。

充電の必要性

できれば3日間ほど仕事などから解放される時間をとると、若い人なら冷静な自分に戻ってきたことを実感できると思います(これを筆者は「**おうち入院**」と呼んで推奨しています)。

ただし、このとき、うつっぽくなっていると思考が偏り、休むことに罪悪感や不安を感じる人もいます。そんなときは、スマートフォン(以下、「スマホ」という)の充電を思い浮かべていただくとよいかもしれません。

スマホのない生活は考えられなくなっている現代では、毎日スマホを充電するのが当たり前となっています。ところが、大切な自分の充電はほったらかしです。充電しないと私たちもスマホのように動かなくなってしまいます。休養や睡眠は、スマホの充電と同じように、絶対的に必要なものだと理解してください。

体調・蓄積疲労からのアプローチ

考え方のスキル

3段階
(3倍モード)
危機対応
2段階
(2倍モード)
警　戒
1段階
(通常モード)
予　防
反応の大きさ
②体調・蓄積疲労
体調不良があると、どうしても感情的になる→　早めの対処（医療・休養）
2段階、3段階になると自責、自信のなさ、不安が強くなり、逆に休みにくくなる
2段階までは、むしろ元気に活動できたりする
疲労は、気合や環境で麻痺してしまい、蓄積に気づきにくい
ケアのポイント
思い当たる刺激がないのに感情的な状態が長引く場合、まずは、体調・蓄積疲労をケア（睡眠をとる、イメージ・体感・時間・雰囲気を調整し休養をとる）
時間経過
現代人の場合、頭脳・肉体労働より、感情労働や環境の変化によって、疲労が蓄積する

おうち入院のコツ

○できれば３日間ほど仕事を休む
　２日間の休みでは最初の１日は興奮が取れず、２日目は翌日の仕事のことを考えてしまうが、３日間あれば、少なくとも真ん中の１日はしっかり休息できる

○とにかく睡眠を重視する
　眠りたいだけ、眠れるだけ眠る。昼夜逆転なども意識せずに眠ってみるとよい

○食事は適当にすませる
　栄養をとらなければと思いすぎる必要もなく、コンビニの弁当で十分

○パソコンやネット環境から離れる
　会社からの仕事やSNSは見ないようにする。趣味のSNSなどは見てもよいが、睡眠のほうがより重要であることは忘れないようにする

○ゆっくりできる環境を整える
　家族がいて、どうしても家でゆっくりと休めない場合は、ビジネスホテルなどで休養をとるのもよい

○自己啓発などはご法度
　成長のための作業、自己啓発や仕事にかかわる本などは読まない。同様のサイトも見ないようにする

○余計なエネルギーは使わない
　気分転換の運動やゲームはしてもよいが、おうち入院のときはハシャギ系（p.80）にならないように十分注意する

○少しでも構わないので睡眠に充てる
　忙しくて休みがとれない場合は、半日でも１時間でもよいので自分の時間を作り、とにかく睡眠をとる

<感ケア5>

スキル 個人の対処法を見直す

苦しさに対処するために、人は必死にいろいろなことをしています。

苦しいなら、問題を解決すればよいと思うかもしれませんが、実際には、人は苦しいときに、問題を解決しないまま、旅行に行ったり、音楽を聴いたり、美味しいものを食べたりしてストレスを解消することがあります。

このようなストレス解消法は、一般的には、単なる楽しみとか、気晴らしなどと軽く考えられ、問題の解決から逃げている行為ととらえられていますが、そうではありません。**問題は解決していなくても、感情をケアしているのです。これも重要なスキルであることを認識し、きちんと自分なりの有効なストレス解消法を準備してほしいのです。**

最高のストレス解消法を教えてほしいという人がいますが、何が自分の感情のケアや苦しみの低減に効果があるかは、人それぞれです。自分でいろいろやってみて、発見、開発するしかありません。また、ほかの人から見たらおかしなもので、効果がないように思えても、その人にとっては何らかの効果があるものです。ぜひ尊重してほしいと思います。

見直してほしい３つのポイント

このとき、理解しておいていただきたいことが３つあります。

１つ目は「**我慢系**」に頼りすぎないということです。

「我慢系」は、後で紹介する「自信」にも通じるところがあります。人によっては、子どもの頃から「我慢」でストレスを乗り越えてきており、いつも使ってきた方法かもしれません。確かに、怒りや恐怖などを簡単に行動に移さないようにするのは、この「我慢」でしか対処できない部分があります。ところが、この我慢には、大きなエネルギーを使ってしまうという欠点があるのです。

現代人が、蓄積疲労によって感情的になっている場合には、我慢すればするほどエネルギーの消耗が加速し、状態がどんどん悪化してしまいます。そこで、日頃から我慢以外の対処法を見つけておき、何でも我慢一辺倒で対処しなくてすむようにしたいのです。

２つ目は、ストレス解消法が逆効果になる場合があるということです。

ストレス解消法は、楽しいことをして快感を得る「**ハシャギ系**」と、落ち着いた環境でゆったり過ごす「**癒し系**」に分けられますが、現代人が蓄積した疲労によって、うつ状態（感情の２段階・３段階）になっているときに、「ハシャギ系」をやると、逆にエネルギーを使いすぎてしまって、うつ状態を悪化させることが多いのです。

一方で、若い人のなかには、「ハシャギ系」のストレス解消法しか知らないという人もいるでしょう。そういう人は、苦しければ苦しいほど、その解消法を繰り返し、そのたびに状態が悪化する悪循環に陥ってしまうことがあります。これを「しがみつき状態」と呼んでいます。

このような状態に陥らないように、日頃から癒し系のストレス解消法も準備しておくことが重要です。また、一旦、「しがみつき状態」に陥ったら、すでに感情の２段階・３段階になっている場合がほとんどなので、ここは「変えない」の原則に立ち返って、「味方になる」でケアし、刺激から離れたり睡眠をとることなどで、「しがみつき状態」から自然に離れられるように、じっくりと援助をしていきます。

３つ目は、うつ状態のときに「**自己啓発系**」の対処はしないということです。

もともと自分を厳しく律してきた人は、感情の２段階・３段階になって、感情的になってきた自分に幻滅し、鍛え直したくなります。そういうタイプの人は、自分が弱いから、過敏だからこうなってしまったと考える人が多いのです。しかし、過敏さは、本来の気質のようなもので、あまり変わらないものなのです。今感じている「過敏さ」は、現実には、「蓄積した疲労によって、刺激に２～３倍強く反応してしまっている」という一過性の“状態”であることがほとんどなのです。ですから、刺激から離れ、休養したほうがずっと効果が大きいのです。

ところがどうしても自己啓発をしたくなった人が、いろいろな本やネット、研修会などに触れると、やはり「変わる」ことや「頑張る」方向に流れてしまいます。１段階のときなら有効な助言でも、うつ状態（２段階・３段階）の人の場合は、単に疲労を深めてしまう結果になりかねません。

落ち込んだときに一番重要なのは、何度も言うように、刺激から離れて休養をとることです。日頃から、ストレスから離れる、休む、人を頼るということを受け入れられるように、タイミングを見て価値観の整理を援助するとよいでしょう。

個人の対処法からのアプローチ

考え方のスキル

反応の大きさ

③個人の対処法

3段階
(3倍モード)
危機対応

2段階
(2倍モード)
警　戒

1段階
(通常モード)
予　防

感情の2段階・3段階の苦しさをできるだけ感じないようにするための、それぞれの人なりの対処法

我慢系に頼りすぎない

効果的で使い慣れたツールだが、大変エネルギーを使うので２段階・３段階では、破綻しがち

ハシャギ系に頼りすぎない

快感が多く、苦しさも忘れやすいが、大変エネルギーを使うので２段階・３段階では、逆効果になる

自己啓発系に頼りすぎない

２段階では自己啓発したくなるが、結局うまくいかない、自信低下に自己啓発が有効なのは１段階だけ

ケアのポイント

ハシャギ系と癒し系

考え方のスキル

「癒し系」 ゆったりして発散

☆休息（お昼寝）
☆読書
☆動物と触れ合う　☆おしゃべり
☆森林浴　☆音楽鑑賞･芸術鑑賞
☆おいしいものをゆっくり食べる

長所：疲れない方法なのでエネルギーを充電できる
短所：快刺激は少ない

「ハシャギ系」 刺激的で楽しい行動で発散

☆スポーツ
☆ギャンブル
☆ライブ　☆インターネット
☆買い物　☆飲み会　☆旅行

長所：短期的には非常に効果的（特に不快感情）
短所：それ自体でエネルギーをたくさん使う

休み方のスキル

ある程度の長期的な休みがとれたとしても、「休み方がわかりません」と言う人も多いものです。ハシャギ系で楽しく充実する休み方は知っていても、休養するということに慣れていないのです。休養、つまり足りないエネルギーを補うためには、２つのことをしなければなりません。

１つは、きちんと睡眠をとって充電すること。もう１つは、起きている間に、過剰にエネルギーを消耗しないようにすることです。

何もしないで過ごすということは、案外難しいものです。うつ状態の人の場合は特に思考の偏りがあるために、何もしないでいると、不安とか怒り、悲しみ、恐怖などが頭のなかで渦巻いて、逆にエネルギーを使ってしまい、休んだのに疲れがとれないという残念な結果になってしまいがちです。

そこで、「不安や自責などを考えなくてすむよう、ある程度集中できるもので、なおかつ、あまり疲れないもの」を自分なりに探して、それで日中を過ごすのがおすすめです。気をつけなければいけないのは、決して「楽しむ、充実する、成長する」ことだけを、休みの評価にしないということです。休養、つまり充電することが今回の休みの目的だった、ということをしっかり意識してください。スマホも充電するときは、作動していないほうが充電効率が上がるのと同じです。

疲労の借金を返すには（睡眠）-（活動）を大きくする

考え方のスキル

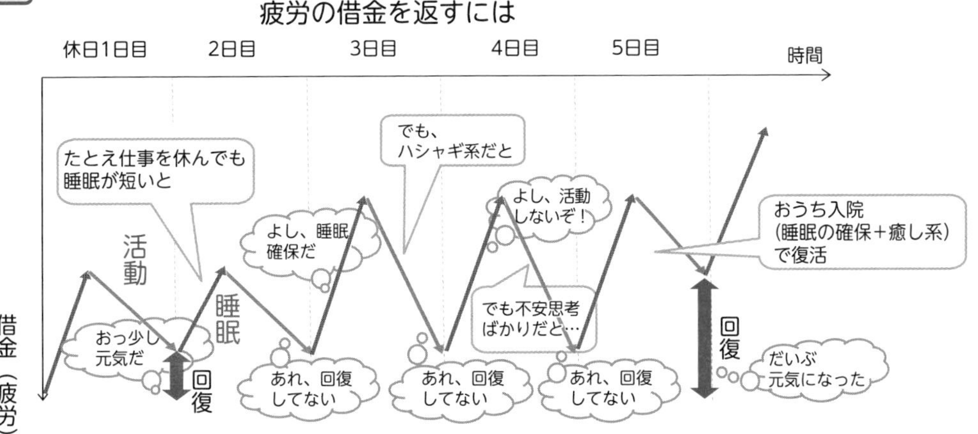

<感ケア5>

スキル 記憶との付き合い方

記憶は、将来の危険を予測するためにも使われます。例えば、過去につらい思いをしたことと同様の体験が予想される場合には、感情を発動して準備します。つまり、記憶も感情が拡大するメカニズムの１つの要素なのです。

逆に、すでに感情が２段階・３段階になっているときには、多くの場合、現在起きているトラブルのスタート地点を思い出したり、記憶のなかから過去の似たような危機を検索していることでしょう。

いずれの場合も、２段階・３段階になると、不安や恐怖、悲しさ、後悔、自責の念、自信の低下などが苦しいので、当然、本人はその原因と感じる「記憶」を何とかしたいと思います。過去は変えられないことはわかっていますが、何とか現在からでも、過去から続くトラブルを修正したい（例えば、いじめをした人に仕返ししたい）し、それが無理なら、せめて嫌な記憶を消したいと考えます。

ところが、私たちが対人援助をするときには、記憶そのものの修正には、あまり触れないようにしています。というのも、記憶は簡単には修正したり、消すことはできないからです。

かけ算（九九）を忘れろ、と言われても、急に忘れられるものではありません。また、最近の研究でも明らかになってきているのですが、人の記憶は案外曖昧で、事実でないことも多いし、あとで変化することもあるのです。ですから、あまり過去に遡って問題解決しようと思っても、ピント外れになってしまうことが多いのです。

記憶の修正にこだわらない

では、記憶から派生するつらさには、どう対処すればよいのでしょう。

これまでお伝えしてきたケアのうち、まず、「味方になる」を行います。つらい記憶をきちんと聞いて、共有していきます。援助者が、事実とは違うのかも……と思っても、相手にはそのイメージで見えている現実であることを理解し、しっかりそのつらさを共感してください。

味方効果が出てくれば、感情が少し落ち着きます。過去を振り返るときに感情の２段階・３段階で見ていたものが、１段階・２段階に下がると、過去が少し違って見えるように感じてきます。

つまり、過去の記憶自体を触らなくても、現在の感情が落ち着けば、記憶に伴う苦しさを縮小できるのです。

さらに、体調を整えるケアをすると、その方向からも感情が落ち着いていきます。

記憶との付き合い方

考え方のスキル

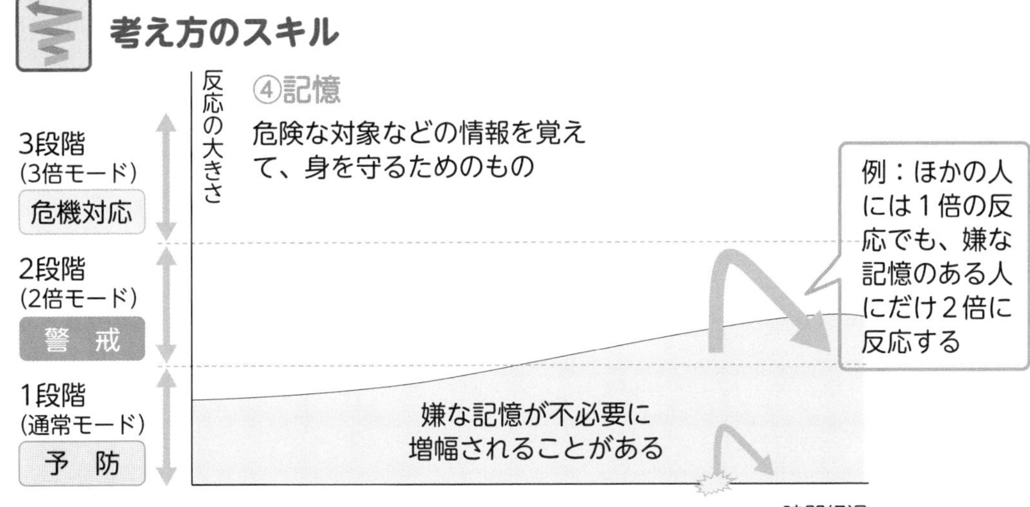
④記憶
危険な対象などの情報を覚えて、身を守るためのもの
反応の大きさ
3段階
(3倍モード)
危機対応
2段階
(2倍モード)
警　戒
1段階
(通常モード)
予　防
例：ほかの人には１倍の反応でも、嫌な記憶のある人にだけ２倍に反応する
嫌な記憶が不必要に増幅されることがある
時間経過

ケアのポイント

記憶の修正にこだわらない

記憶は変わらないものと受け入れる

記憶の苦しさへは……

今の自分の状態をケアして、他の要素からの拡大を予防

過去は変えられないが、過去を見ている自分の感情の強度は変えられる

<感ケア５>

スキル 自信をケアする

「不安」と「自信」

どんな感情も、「不安」との相乗効果で拡大していくのですが、「不安」は「自信」と連携しています。

予想される将来のリスクが、今の自分（イメージ）で何とか対応できると感じるのが「自信」です。対応できないと感じる場合は、「不安」が立ち上がり、さまざまな準備をしなければなりません。これが自信がない状態です。

「不安」を小さくするための１つの方法として、「**自信をケアする**」という手段があります。

ここでは、「自信」を３つのカテゴリーに分けて説明します。

第１の自信	「できる」の自信。あることができるかできないかの認識です。
第２の自信	「いつもの自分である」の自信。健康で、本来の能力を発揮でき、いつもの生き方（信念）で生きていける、という認識です。病気やけがをしたり、信念が覆されるような出来事があると、この自信が揺らぎます。
第３の自信	「居場所がある」の自信。人は一人では生きていけない動物です。仲間に愛される、仲間に貢献できるという感覚。大切な人を失って、もう生きていけないと感じるのは、この自信がなくなったからです。

１段階の人ならどの自信を補強しても元気が出ます。ストレス解消法で紹介した「我慢の対処」も、第１と第２の自信、つまり、「私は能力があり、かつ我慢もできる人」というイメージを補強するので、ストレス解消法になり得るのです。

ところが、２段階・３段階になっても、「我慢の対処」を続けてしまう人がいるのです。よくブラック企業で大変つらい思いをして、体調まで壊しているのに、なかなかその仕事を辞められない人がそうです。

周囲の人は１段階の冷静な頭で、「そんな仕事を続けていると身体を壊して大変なことになる、新しい職場でやり直したほうが経済的にも、やりがい的にもずっとよいに決まっているよ」などとアドバイスをするのですが、本人はなかなか今の仕事から離れようとしないのです。

これは今の仕事を続けることが、「自信のケア」になっていることが原因です。うつ状態になると特段大きな失敗をしなくても、何となく自信がなくなってきます。それをどうにかして取り戻したいと必死になるのです。

お酒で忘れたり、買い物でごまかしたり、筋トレや美容整形で自信をつけようとする人もいます。その中で一番多いのが、つらい仕事をやり遂げて自信を回復しようとする人です。「今の仕事はとてもつらいけれど、このつらい仕事を乗り越えられたら、きっと大きな自信を感じられるはず」と考えてしまうのです。

こうした人の特徴として、１人で頑張って乗り切りたい思いが強く、他人に援助を求めることもしないため、危険なパターンに陥りがちなのです。

恒常的に感情の２段階・３段階（うつの状態）になっていると、すべての自信が低下してきます。何をやるにもうまくいく感じがしないし（第１の自信の低下）、そもそも自分には能力がないと感じるし（第２の自信の低下）、そんな自分を誰も理解しようとも、助けようともしてくれない、自分は孤独だと感じるのです（第３の自信の低下）。そして、第３の自信まで低下してくると、世の中に自分のことを助けてくれる人がいないと感じるようになり、死にたい気持ちが生じてしまうことさえあるのです。

自信をケアする手順

心理的ケアを行おうとする場面で、自信をケアするには、まず第３の自信、次に第２の自信、最後に第１の自信をケアしていく手順が重要になります。

自信の低下はとてもつらく、本人も自信がないことを強く訴えることがあります。それに対して一般の人は、「自信がないなら、何かをやり遂げさせたり、成功させたりして自信をつけさせよう」としがちです。第１の自信を補強しようという考えです。

もちろん元気なときならそれで問題ありませんが、うつ状態のときは、仮にそのイベントをやり遂げたり、成功したりしても、第１の自信が、素直に補強されるわけではないのです。うまくいっても「たまたまだ」という認識をしてしまううえに、「今回はたまたまうまくいったけれども、自分の実力がないのは明白だ。次回うまくいかなかったらきっとみんなは自分を見放すだろう」などと考えてしまうのです。必死で課題に取り組むことで余計に疲労を深めたうえに、何の自信の回復も感じられないので、逆に強く落ち込む可能性が高くなるのです。

自信のケアは第３、第２、第１の順に行うのですが、具体的には、これまでお伝えしたことをやればよいのでそれほど難しいことではありません。第３の自信のケアとは、味方になることです。

味方になる関係ができると、感情が落ち着き、理性がはたらくようになってきます。そのときに今の不調は自分の性格や能力が足りないからではなく、単にエネルギーが低下しているからだという説明をしてあげます。これが、第２の自信のケアになります。

最後に、今の現実問題や不調に対し、どう対処すればよいのかを一緒に考えていきます（第１の自信のケア）。

これらの流れは、すでに紹介した９つのメッセージプロセスに反映されているので、今の時点で、皆さんが新しく意識することは、「うつ状態のとき、自信をつけ

自信からのアプローチ

考え方のスキル
3段階
(3倍モード)
危機対応
2段階
(2倍モード)
警　戒
1段階
(通常モード)
予　防
⑤自信
自信は不安の裏返し。
自分のイメージが課題のイメージより大きいと自信がある状態
自信は感情の１段階の上限を上げ、感情の２段階・３段階の発動を遅らせる
第３の自信
守ってくれる人がいるか
第２の自信
自分は元気か
自分の生き方でOKか
第１の自信
対処できるか
MC3によるケアは、第3、第2、第1の順

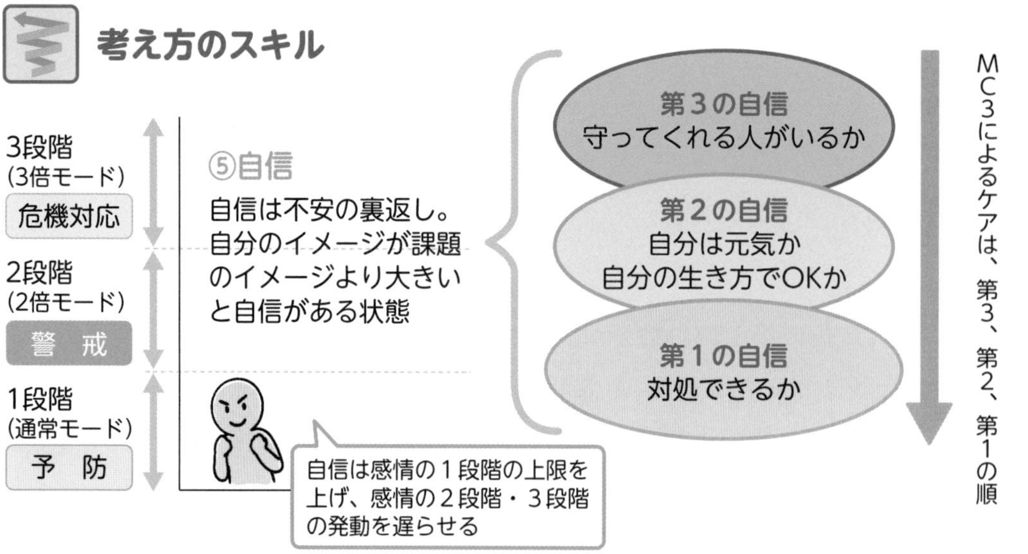

させようそうとして何かをさせるのはよくない」ということだけです。

＜感ケア５＞で紹介したことは、いわば常識的な内容です。刺激から離れることや疲労をケアすることなどは、誰も反対しないでしょう。

ところが実際のケアの場面では、＜感ケア５＞の視点が抜けがちになるのです。

これは、本書で何度か紹介している学びの弊害のせいでしょう。

多くの場合 学習の場面では、学問として確立した内容やテクニカルな内容が重視されており、＜感ケア５＞のような内容はいわば**学習の盲点**なのです。

私たちは、教えられたこと、テストで○（まる）をもらえることを実行したいと思いがちで、反対に教えられていないことは実行しにくいものです。

実際の現場で、相手のための援助をしているつもりでも、実は「指示されたこと、教えられたことを正しく実行すること」を中心に考えてしまい、それを相手が望むか、受け入れるかどうかについては、あまり配慮できていないこともあるでしょう。それどころか、もし相手がそれを受け入れなかったとしたら、ダメな患者、やる気のない当事者などと、相手を蔑む気持ちさえ湧いてくる可能性があります。

つまり、さまざまなよい方策・手段を知っても、それをきちんと現場で活かすためには、私たち自身の価値観を整理しなければならないのです。

人生を生きるには、さまざまな価値観や信念が重要ですが、対人援助のために有効な価値観に修正していく、これを「**価値観の整理**」と呼んでいます。

今までの人生で大切にしてきた価値観を否定したり、捨てるわけではありません。むしろ新しい価値観を身につけ、TPOに合わせて、さまざまな価値観を強弱をつけながら応用できるようにするのです。次項から対人援助のために新たに身につけたほうがよい価値観を紹介します。

11 なぜ、相手のことを考えない援助になるのか(援助者自身の問題)

これまで、相手の考え方や価値観には触らない(変えようとしない)というスタンスで、考え方のスキルを紹介してきました。

それは、相手が感情の2段階・3段階にいることが多いという前提があるからです。ただし、「価値観」自体は重要なテーマで、1段階に回復したら、必要に応じて援助や教育の場で取り上げてください。その段階になれば、心理学や自己啓発系の知識やほかの人の経験談などが非常に役に立ちます。

自分自身の価値観の整理

ここでは、皆さんが対人援助業務を行う際に、障害になりやすい「価値観」とその緩め方を考えてみたいと思います。

皆さん自身は1段階にいるという前提で、皆さん自身の**価値観の整理**にトライしてほしいのです。

これまでお伝えしてきた内容やスキルについて理屈では理解できるが、どうしても現場では違うことをしてしまうという人も少なくないと思います。どうしてでしょうか。

それは、自分の「**これまでの生き方の基本的な信念**」が影響している場合が多いのです。

自分では意識していなくても、それぞれの思考や行動に強く影響を与えているのが、この価値観なのです。

まずは自分がどんな信念を持っているか、探ってみましょう。友人や同僚とゲーム感覚でディスカッションしてみてください。

自分の信念・価値観を探る

考え方のスキル

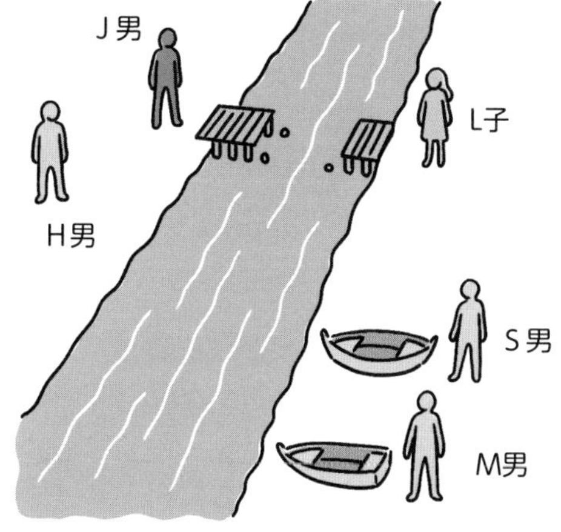

川を渡る女性

L子とJ男は、恋人同士で、
嵐で橋が壊れ2人は離れ離れになってしまいました。
どうしてもJ男に会いたいL子は、ボートを持っているS男に「向こう岸に連れて行ってくれ」と依頼すると、「一晩付き合ってくれたら」と要求されました。
同じくボートを持っているM男に依頼すると、「100万円くれたら」と言われました。
お金のないL子は、S男の要求を飲み、J男のもとへ。
しかし、いきさつを知ったJ男は怒って、L子を追い返しました。
困っていたところ、前からL子に好意を寄せていたH男がすべての話を聞いたうえで、L子を受け入れてくれました……という物語

1　悪い人と感じる順に並べ、その理由を述べる
2　それぞれに許せない度を5段階表示

ここでは、ジェンダーなどの「こうあるべき」という議論ではなく、今自分が根底に持っている、価値観を意識してもらいます。どうしてもS男が許せない、いや、悪いのはL子だ、などといろいろな意見が出てくるはずです。さらに、どれぐらい許せないかを、5点満点で認識してもらいます。

どんな価値観を持っていてもよいのですが、対人援助をするときは、「許せない」というこだわりが少ないほうが、いろいろな人の価値観を受け入れやすくなります。「許せない」が強いと、自分の人生を生きる分には、ブレなくてよいのですが、対人援助の場では、自分と異なる価値観を持つ相手に対して、どうしても否定の感情を持ちやすいからです。

子どもの心の強さ

価値観のなかでも、「対人援助」の場で援助の障害になりがちなものが、筆者が「子どもの心の強さ」と呼んでいる、信念群です。

「子どもの心の強さ」とは、私たち個人個人がそれぞれの家庭や日本社会のなかで、子ども時代に厳しくしつけられてきた信念です。学生時代は、この信念に従っていれば成績を上げられ、かつ周囲からも褒められました。社会に出ても、基本的には、この態度は賞賛されるものです。この態度を第2の自信として保持しながら、社会で成功を得た人が多いのです。

子どもの心の強さ

考え方のスキル

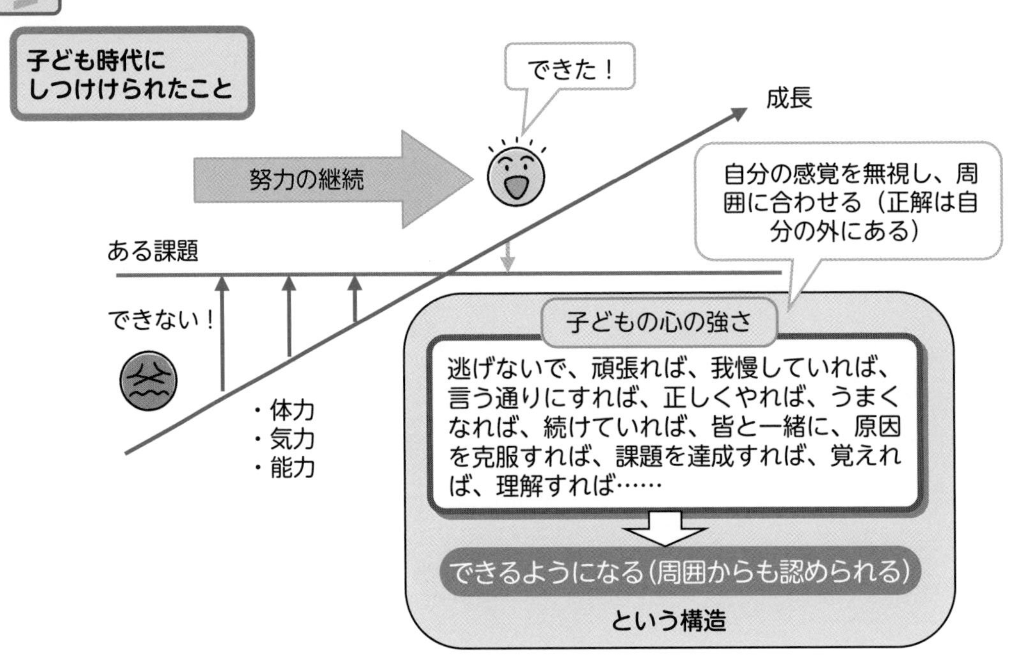

このように「子どもの心の強さ」は、決して悪いものではありません。ところが、うつ状態や災害など、これまで思いもよらなかったことに遭遇した場合は、休むとか頼るとか逃げるなどという行動が遅れがちになるのです。

それだけではありません。子どもの心の強い人が対人援助をするときには、相手に対して、意識しないうちに、頑張らせる対応をとってしまいがちになるのです。

「子どもの心」の信念が強い人が対人援助の場で陥りやすいもう１つの事象があります。それは、対人援助の場が、援助をすることが一番の目的ではなく、自分の「子どもの心」の満足——例えば、成長したい（自分が学んだことを表現したい）、克服したい（自分の力で助けたい）、正しくありたい（示されたこと以外やってはいけない）という場になってしまいがちなのです。

この傾向は、援助者が疲れてくると、より顕著になります。余裕がなくなるので、アイデンティティにこだわり、災害現場でちょっとした作業を頼まれたとき、「私はカウンセリング以外はやってはいけないことになっている」と拒否して周囲から浮いてしまったというカウンセラーもいました。

相手に対しての思い込みも大きくなりがち

さて、この「子どもの心の強さ」が、対人援助の場でもたらす「頑張らせる対応」は、具体的には「相手に対する過剰な期待」として表れてきます。

ただ、期待値は、価値観以外でも過剰になりやすいものです。期待値を上げるものには、

・自分を中心に相手を想像してしまうという人間の特性
・周囲を見て平均を測る特性
・学んだことが基準になってしまいがち、近くの人の意見、権威、データなどに騙されやすい（学びの弊害）
・少ない経験でも内容が強烈なら、それが基準になってしまう

などがあります。

そこに、「子どもの心の強さ」が加わるのです。

p.3で紹介した「感謝されるはず」「受け入れられるはず」といった思い込みも、これに当たります。

対人援助の場面でよく見かける「相手はこうあるべき」という誤った信念（思い込み）をいくつか紹介していきましょう。

相手に対する過剰な期待

考え方のスキル

・自分だったら……と自分が基準になってしまう
・ほかの人はやっている……と周囲を基準にしてしまう
・学んだ通りなら……と学習やデータが基準になってしまう
・前の○○さんはこうだった……と少ない経験が基準になってしまう

子どもの心の強さ

援助を受ける人、困っている人、大人、男性、女性、社会人、親、子ども……は

本来、こうあるべき
こう感じるだろう
こう行動するだろう

という、
自分にとって都合のよい、
あるいは自分の信念に合う、
希望的な予測を持ちがち
（自分でも意識できていない価値観）

「休んではダメ」という思い込み

相手を休ませてはダメ、逃げ癖をつけてはダメ、これを乗り越えさせなければ、一生どんな仕事にもつけないと感じる心です。

相手に休んでもらおうとするときは、味方になり、感情の３段階について理解してもらい、「刺激から距離をとって休むのは、コンピュータの再起動プロセスやスマホの充電と同様、決して逃げではない」と説明するということを紹介しました。

ところが、実際は、援助する自分自身が、口では「休め」と言うものの、「こんなことで休むなんて怠けている、やる気がない」と感じている人が少なくありません。「適応障害は休ませないで仕事をさせるべき」などという意見を目にすると、「やっぱりそうだ、あの人は休ませないほうがよいんだ」と自分の価値観のほうにぐっと引きつけられてしまいます。

「子どもの心の強さ」で頑張ってきた援助者ほど、どうしてもそれが生き方の重要な軸だと感じてしまうのです。理性では休ませるべきと考えても、心が「でも、やっぱり頑張らせなければ」と考えてしまいます。

さらに、援助者自身が過労などで、２段階に陥ると、理性より感情のほうが強くなるので、この思い込みは一層強く出てしまいます。

休んではダメ、逃げてはダメと感じるとき

考え方のスキル

理　　性　VS　価値観：子どもの心の強さ

休むことが必要

・休むとダメ、努力し続けることが大切
・逃げたらダメ、ほかのとこでも通用しない

自分自身も、どうしても休むのが苦手

相手には「休め」と言えるが、心の奥底で、ダメな人と見ている部分も

頑張るべきという情報に接すると、その情報を妄信してしまう

援助者自身が2段階・３段階に陥ると、価値観の意見がとても強くなる

休ませるのはよくない、休む人が嫌い、逃げる人は許さない……などの心の声が大きくなってきたら、まずは、＜感ケア５＞(p.72)の視点から、自分の状態をチェックしてみてください。

「言われたらやるのが普通でしょ！」という思い込み

援助者は、専門的知識から相手にアドバイスします。自分ではとても大切なことと認識しているので、相手もきっとやってくれると考えています。

ところが、それをやらないとなると、子どもの心の強い援助者は、相手が正しく理解していないとか、やる気がないとか、意志が弱いとか、ひいては、私を馬鹿にしている？　私の言うことを信じてない？　といった被害妄想的な考えにつながることもあります。

人が、あることを「やらない」のは、ほとんどの場合、理解ややる気の問題ではなく、エネルギーの問題なのです。自分のことを振り返ってみても、やらなければならないと理性でわかっていても、やる気が起きないことは結構ありますよね。それは、たいてい疲れているときではないでしょうか。

蓄積した疲労によって恒常的に感情の２段階・３段階になっているときは、何をやるにもいつもより２、３倍疲れるのです。正しいこと、するべきこともできなくなるのが、２段階・３段階（うつ状態）なのです。

また、２段階・３段階にあるときは、気力（エネルギー）の問題だけでなく、変わることへの不安も強くなっているので、つらくても、現状維持を選びがちです。

３段階になってしまうと、「変えたくない」が固定します。変えたほうが断然よくなるとわかっていても、変えません。変えるのはしんどいし、うまくいくとも思えないし、不安しか感じないからです。

難しいのは、課題の負担感や我慢の度合いが、その人ごとに違うので、ある人は同じ状態でもやるのに、ほかの人はやれない、ということも出てくることです。一般的には、そもそもの苦手分野で、さらにそれを我慢をしてやらなければならないとなると、大切なことだとわかっていても、やる気はなかなか出ないものです。

いずれにしても、エネルギーが低下してやる気が出ない状態のときに、論理からのアプローチ、つまり必要性を強調する方法や、○○しないとこうなるという脅しは、逆効果です。

やり方を丁寧に教えると、やり方を模索するエネルギーが節約できて、少しは行動に結びつきやすくなります。しかし、それも３段階の状態では、「こんなに丁寧に教えられたら、やらなきゃならない、でもそれでもやれない」という負担感と、自信の低下と自責を感じさせることのほうにはたらきます。

　このとき、私に対する反発？　治りたくないんじゃない？　などという極端な解釈をするより、まずは「疲れているんだね、できないのも無理はないね」という解釈をするほうが、味方の関係を維持しやすくなります。

「やらない」のは、ほとんどがエネルギーの問題

考え方のスキル

援助者がこう考えると

相手が「やらない」

理解していない？ → もっと教えなきゃ
意志が弱い？ → 厳しくしなきゃ
やり方がわからない？ → もっと丁寧に指導しなきゃ
反抗している？ → なめられてはいけない

・ほかの人はできるのに
・ほかのことならできるのに

相手はつらくなる

ほとんどは、エネルギー不足もしくは、変化への抵抗（不安）

エネルギーを補給できるまで行動できないという理解を共有し、「味方」の関係を強化。エネルギー補給に努める

「やるって言ったじゃない、約束したでしょ！」という思い込み

あることに関して、努力して状況が改善してきていた相手が、しばらくしてまた以前と同じことをしてしまっていると、「もう絶対しない、と言っていたのに……」と、あなたの子どもの心の強さがイライラしてきます。

実は、人はそもそも一貫していないものなのです。

これまで伝えてきたように、苦しみは変化するし、感情の３段階でも、選択や行動が変わります。さらに感情には大波小波、潮位の変動などの時間的な変動もあります。ただ、できるだけ一貫していないと、社会が混乱するため、子ども時代に「できるだけ一貫しなさい」と教えられてきたのです。実は、「一貫しない、一貫できない」のほうが、人間の実態なのです。

相手が援助者との約束を破っても、それは普通のことだと思うほうがよいのです。

前向きな発言が出たり、考え・行動の修正ができたように見えても、すぐに元に戻るほうが普通なのです。

だからと言って変わらないわけではありません。行きつ戻りつを繰り返して、徐々に変わっていくのが本来の成長の姿なのです。

また、個人で一貫しないだけでなく、人は皆それぞれなので、ひとくくりに扱わないようにもしたいものです。子どもの心の強さは、「みんなに遅れない」「みんなに合わせる」ことが当たり前という価値観ですが、現実は違います。ほかの人ができた(やれた)からといって、その人ができるとは限りません。「みんなやっていますよ」は、２段階・３段階の人にとっては、つらいプレッシャーになってしまうのです。

「約束したでしょ！」は過剰な期待

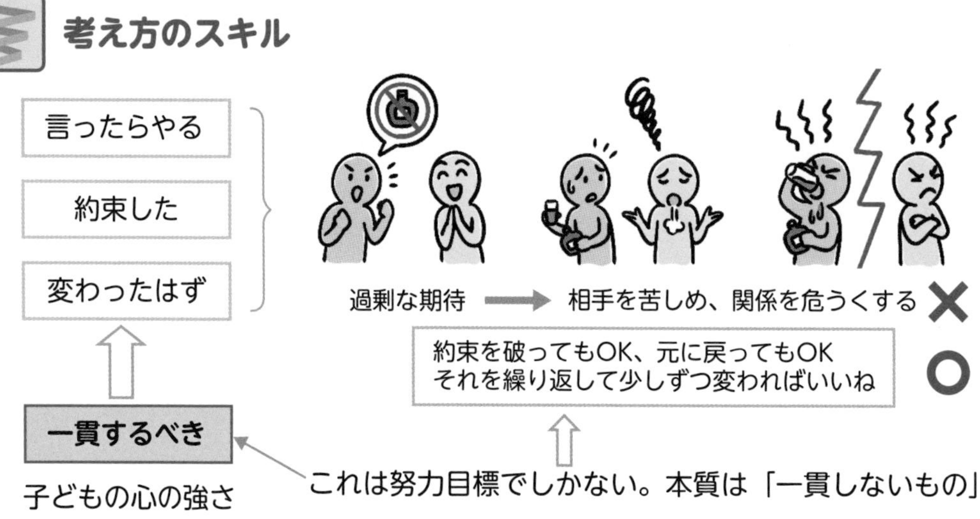
考え方のスキル
言ったらやる
約束した
変わったはず
一貫するべき
子どもの心の強さ
過剰な期待
相手を苦しめ、関係を危うくする
×
約束を破ってもOK、元に戻ってもOK
それを繰り返して少しずつ変わればいいね
○
これは努力目標でしかない。本質は「一貫しないもの」

言い訳するのは、嫌われるのは、避けられるのは……

「対人援助」を行っていくなかで、だんだんと同じ課題に共同で取り組む関係になってきます。つまり、支援の対象でありながら、チームメンバーとしての関係も感じるようになるのです。すると、自分の心のなかにある「子どもの心の強さ」がどうしても前面に出てきやすくなるのです。

チームメンバーには、厳しくなりがちです。

・問題への取り組みが甘いと、逃げている、我慢や努力が足りない、問題の先送りと見え、それを責める
・理解していないからやらない、と感じると、説得が強くなる
・相手が自分を避けると、私が嫌われてもよいから、鬼になって変えなきゃ、と考えてしまう

このような思考は、高校の部活動なら強豪校になれるかもしれませんが、対人援助の場では、うまくいきません。相手は、弱って困っているのです。厳しく接してしまえば、「味方」ではなく「敵」の関係になってしまいます。

そうならないためには、相手の反応の見方を変えなければなりません。

これまでも指摘してきたように、まずは、感情の３段階やエネルギーの問題で理解するべきです。何かつらいことがあったのかもしれません。また、最近眠れず、エ

ネルギーが低下しているのかもしれません。一般的に援助を求める人は、２段階・３段階のことが多いのです。サクサクと行動できないのが普通なのです。

また、エネルギーだけでなく、自信低下（不安）の問題とも理解できます。

たしかに、理性ではこうするべきだと理解できても、そうできない自分に自信（第２の自信（p.84））を失っていて、それを認めたくないから、必死で言い訳をしているのかもしれません。認知症の人の否認と同じです。

言い訳などを自分への攻撃と受け止めず、メッセージで理解しましょう。「うまくできないんだ、情けない、それを責めないでくれ」というメッセージなのかもしれません。

まずは、言い訳を十分に聞いてあげましょう。

論理的に否定しても、相手の自信を崩すだけです。議論になれば、双方が頑なになり、感情問題になって話がこじれてしまいます。通常は、こちらの言う趣旨や必要性を理解していないのではなく、感情的に反発しているだけなのです。その感情問題（「敵」認定）が緩まない限り、理解しようとする気も起こりません。

また、このように、言い合いになってしまう場合の多くは、あなた（援助者）自身が疲れて防衛的になっており、相手の反応を過剰にネガティブに受け取ってしまっていることが多いのです。第三者などに冷静なアドバイスを求めましょう。

嫌われてしまうとき

考え方のスキル

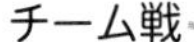

チーム戦
子どもの心の強さ
→ 相手を元気な人と勘違いしてしまう → 過剰な期待 → 相手を苦しめ、嫌われる ×

やる気がない、理解がない、我慢が足りない、努力してない！

⇩ 視点を変える ○

感情の3段階エネルギーの視点で見る → 見舞いの息子さんと何かあったかな？ / 睡眠不足なのかも？

自信の視点で見る → 飲まずに治したい気持ちかな？

メッセージで理解してみる → もっとよくかかわってくれ、味方になってくれというメッセージかな？

薬を飲まない相手

人は自立するべき、一人で頑張って生きるべきという思い込み

「子どもの心の強さ」は、一人でやれる、自立できる、そうなるように頑張るべきを前提にしています。

この認識が強いと、対人援助場面で「もう、一人でやれるはずなのに、どうしても私を頼る」という感情を持ちやすくなります。

ところが、この思いが本当に強くなっているときは、やはり、援助者たる自分自身のエネルギーと自信の問題が隠れていることが多いのです。

エネルギーがないと、自然に援助をしないですむような状況を探します。そうでない状況だと感じると怒りが生じます。

自信の問題とは、相手がなかなか自立しないのは、自分の援助がダメだからだ、と単純に認識してしまい、自立しない相手に会うたびに、自分の無能さを突きつけられているような感じになることです。するとその相手を、自分を苦しめる「敵」のように感じ始めます。

こうなったときは、深く記憶化される前に、担当関係を外れ、援助者自身がきちんと休養し、冷静になってから援助を再開するべきです。

一人でやれるはずなのにと感じるとき

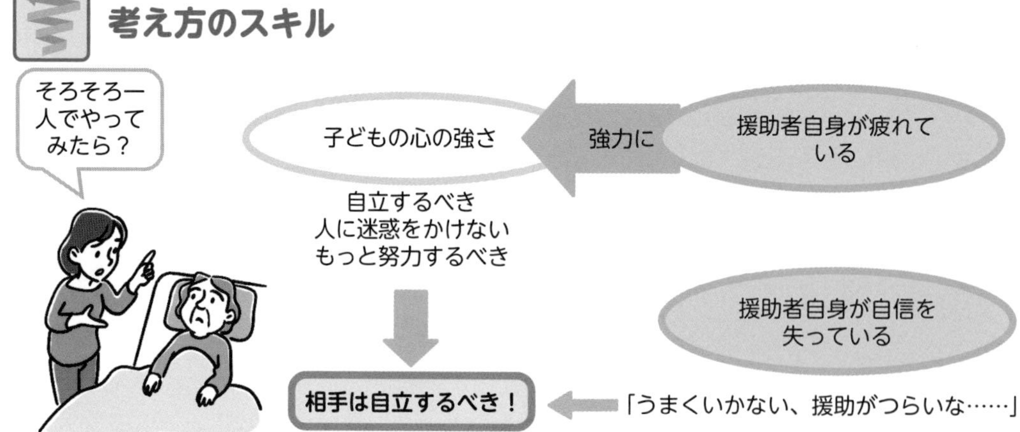
考え方のスキル
そろそろ一人でやってみたら？
子どもの心の強さ
強力に
援助者自身が疲れている
自立するべき
人に迷惑をかけない
もっと努力するべき
援助者自身が自信を失っている
相手は自立するべき！
「うまくいかない、援助がつらいな……」

子どもの心の強さと大人の心の強さ

このように「子どもの心の強さ」は対人援助をするときに、さまざまな場面で援助の妨げになることがあります。ところが、この信念の強い人が少なくないのです。

子どもの頃からこうした信念を教え込まれ、この信念によって受験勉強などを乗り越えて、今がある、という対人援助職も多いことでしょう。人によっては、「子どもの心の強さ」は、もうその人の本質といってもよいくらい染みついて定着してしまっていることもあるのです。

本書では、繰り返し、その価値観を捨てるのではなく、現実の行動を阻害しないように「整理しよう」と提案しているのです。

それが次項で解説する、「大人の心の強さ」(p.103)です。「子どもの心の強さ」を緩めようとすると、心が弱くなってしまうと危惧する人が多いので、「子どもの心を弱めても、大人の心を強くすることができる」というロジックで説明しています。

12 人は決して理性的な存在ではない

価値観は、これまで、自分の人生を歩むだけなら、それほど意識することもなかったかもしれませんが、「対人援助」を行うとなると、急にいろいろなところで大きな影響を持つようになります。

「子どもの心の強さ」は、一人で生きるときはとても頼りになるのですが、対人援助の場においては、うまく援助できない原因になりがちです。

価値観に正しい正しくないはありませんが、対人援助をスムーズに進めるために、自分のなかできちんと整理をしておきたいものです。

対人援助の場で、援助が容易になるような価値観の一例を紹介します。

まず、1つは「**人の心の15の本質**」です。

これは、「人はこうあるべき」という理想像ではなく、人が動物であり、感情で生きているものだということを前提として、人の等身大の特性を紹介しているものです。人（自分、相手、第三者）に対する適正な期待値の基になります。

人の心の15の本質

①人は一貫しないもの

心には、さまざまな感情が同時に湧き上がる。善意も、悪意も、当たり前に同居する。感情は時と場合によってコロコロ変わる。うそもつく。裏切ることだってある。特にエネルギー、感情、自信、記憶、個人のストレス対処の癖に影響を受ける。

②感情や欲求はなくせない

感情や欲求は、人間の基本的な機能として備わっている。複数の感情や欲求が対立（葛藤）するのが通常。一時的に抑える（我慢する）ことはできても、ゼロにはできない。なかったことにしたり、ケアをしないでいると、ずっとくすぶり続ける。

③人はエネルギーを使いたくない(怠けたい)もの

エネルギーは、人にとって生命を支える貴重なもの。だから、生死にかかわらない、と判断された作業は飽きるようにできていて、続かない。何かをやるからには、「意味」や「意義」が必要。意味を見出せず、理不尽と感じる我慢には、限界がある。

④人は成長したいが、なかなか変わらない、成長しない

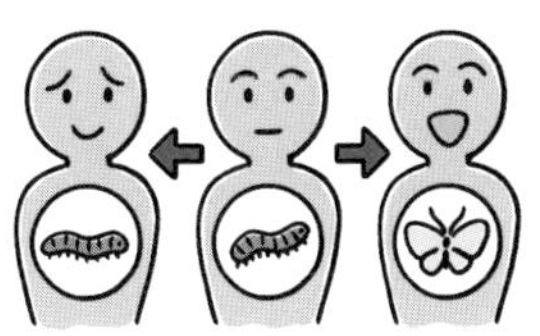

成長したいと思うのは、基本的欲求。でも、人に言われて反省したり、納得したりしたからといって、人はすぐには変われないし、成長もできない。大人になったら人は「立派」になるのかというと、そうでもない。というのは、変わりたくないと思うのも基本的欲求だから。

⑤でも、人は変われるし、変わりたい

人は、新奇なものを求める。すぐに退屈になり、新しいものをほしがる。なかなか変化しないときでも、「理屈」よりも「体験」をきっかけにして変わりやすい。体験を繰り返したり、長く経験したり、イメージの力で変わることが多い。

⑥人間関係のトラブルは当たり前に起こる

人にとって他者は、自分を攻撃する可能性がある存在。だから、人を恐れる気持ちは誰もが持っている。人と人が出会えばトラブルも発生する。かといって、孤独では生きていけない。

⑦人はそれぞれ、正義もそれぞれ

人にはそれぞれ感情を刺激される「ツボ」や「急所」がある。そのツボは人によって違い、自分と同じではない。特に、何を正義と感じるかは、普遍的なものではなく、人それぞれである。「正しくない」と強く感じるときこそ、自分の判断軸を冷静に見直してみる必要がある。

⑧自分を基準に他者の内面を決めつけがち(特に日本人)

相手が自分と違う感じ方をするという前提が鍛えられていない。自分の視点で見るので、つい被害者的視点が多くなりがち。多様性を心の底では認めていない。頭のよい人ほど論理や倫理に重きを置きすぎて、人間を知らない傾向にある。

⑨人は他人をコントロールしたがる

人は人を恐れる。その一方で、人は人がいないと生きていけない。自分の安全とエネルギーの消耗を避けるために、他者を従わせたい。他者を従わせたいために、わがままになったり、人より優位な立場に立ちたくなる。

⑩人の言動、反応にはそれなりの理由がある

それぞれの人が経験したことや記憶がベースとなって、現在の発言やリアクションがある。他人には愚かな行動・考えに見えても、よく聞くとその人なりの理由(物語)がある。ただ本人は、そのことを自覚していないこともある。

⑪人は物語を見つけ、安心したい

人は、現状を理解し、不安を小さくするために、いろいろな解釈をしようとする。その解釈、すなわち物語は、必ずしも客観的でなくても、万人が納得しなくても、その人にとっての安心や意欲につながるものとなる。物語を持てるかどうかで、安心(自信)が決まる。

⑫子どもの心の強さを求めがち(特に日本人)

一人でやる、全部やる、最後までやる、諦めない系の思い込みが強い。途中で投げ出したり援助を求めることを嫌がる。我慢強いが、自分の感性や欲求を押し殺すので、「正解」は自分のなかではなく、外(部外や権威や海外)にあると感じている。頑張ること、諦めないこと、勝つことで自信を補強する。

⑬論理的・客観的でありたい（特に日本人）

感情的なことが恥ずかしいと感じやすい。論理的なこと、客観的なことを重視し、感覚的なこと、スピリチュアルなことを軽視しやすい。その結果、権威や数字に騙されやすい。

⑭人は自分を責めやすく、自信を持ちにくい（特に日本人）

人は、自分には悪いところがたくさんあり、それを他人に隠している、と感じやすい。他者を攻撃するのが怖く、主張もしたくない。目立ちたくない。目立つと出る杭は打たれ、攻撃されそうに感じるから。

⑮人は過去の記憶と将来の不安にとらわれやすい（特に日本人）

不安に備える過程で安心したい。不安が強くなると、優先順位が狂う。不安は集団の影響を受ける。

大人の心の強さ

援助が容易になるようなもう１つの価値観は、「**大人の心の強さ**」です。

子どもの心の強さを緩めたいとき、子どもの心の強さを捨てると「心の弱いダメな人になる」と考える人がいます。そういう人には、子どもの心の強さは保ったまま、もう１つの心の強さを身につけ、バランスを取ることを提案しています。それが「大人の心の強さ」です。

「大人の心の強さ」とは、状況が変わっても、しぶとく目標を追求でき、頑張るだけでなく、逃げたり、人を頼ったりすることもできる柔軟さを持っています。

大人の心の強さを評価するための、ポイントを紹介しておきます。

子どもの心	大人の心
権威に従う	権威が必ずしも正しくないことを知っていますか？ 権威が必ずしも守ってくれないことを知っていますか？
正しいことをする	正しさは状況により変化することを知っていますか？ 正しいことが、必ずしも役に立つことではないことを知っていますか？

我慢する	我慢することが、逆に全体のパフォーマンスを低下させる場合があることを知っていますか？ それに気づき、我慢しない勇気を持てていますか？
感情を押し殺す	自分の感性や感情を大切にし、体調の変化に気がつくことができますか？
弱音や不平を言わない	必要に応じて、自分の弱いところを認め、それを上手に他者に伝えることができますか？
問題を気にしない（忘れてしまう）	意識的・無意識的に、問題を無視する癖がある場合、それに気づき、問題を直視して受け入れる勇気を持てていますか？
自分を追い込む（スケジュールを埋める）	休むこと、何もしないことにも意味があることを知っていますか？　２つのバランスが取れていますか？ TPOに応じて使い分けられますか？
はっきりしなければならない	二者択一の単純思考ではなく、妥協や修正によって、しぶとく目的を追求できますか？
完全にやる	完全性と時間的欲求とのバランスが取れますか？ まず動いてみて、情報を得るという発想や柔軟性とその勇気がありますか？ 人間や人間社会は完全ではなく、なかなか目標を達成できないことがあることを許せますか？（自分も他人も）
全部やる	物事のポイントを見極め、集中的に努力ができますか？ 不要な部分を切り捨てる勇気を持てますか？（優先順位をつけられますか）
全力でやる	ただ一生懸命やればよいのではなく、力を抜いたほうがうまくいく場合があることを知っていますか？ 部分の成果だけでなく、全体の成果を意識して、行動をコントロールしたり、ペース配分したりできますか？
ムダなことはしない（早く、うまく、効率よくやる）	人間や人間社会は完全ではないため、ムダなことが生じても、イライラせず、モチベーションを維持できますか？
成長する（しかも早く）	それ以上成長しない部分があることを受け入れ、今の能力を上手に運用するという発想を持てていますか？ 人の成長には、時間がかかることを知っていますか？ 辛抱強く自分や他人をモチベートできますか？

一人でやる	必要に応じて、上手に周囲の人の力を借りられますか？ 他人と協力することによって、より大きい仕事ができることを知っていますか？
最後までやる	状況に応じて、進路変更できますか？ 下山する勇気を持てますか？ 少しの挫折や中断で、意欲を完全に失わず、継続的に目的追求をすることができますか？
逃げない	自分の実力と課題の困難さを客観的に分析し、上手に将来のトラブルを避けることができますか？ 助けを求めるタイミングの見極めができますか？

第2章のまとめ

- さまざまな価値観を整理しないと、スキルも習得できないし、現場の援助もうまくいかない。
- まず対人援助とは、相手のニーズに応える援助であり、こちらが提供したいものを押しつけるものではない。
- 援助は「味方になり感情問題をケアする援助」と「現実問題をケアする援助」の大きく２つに分かれる。実際の援助にあたっては、まずは感情問題をケアし、その後、現実問題をケアする。
- 現実的な問題は変わらなくても、人間関係で援助するというケアがある。これが味方になるという援助。
- 感情のケアにあたっては苦しみをゼロにする必要はない。
- 苦しみは感情によって２倍、３倍に増幅しやすい。逆に言うと増幅している感情を１倍に戻すことで、苦しみが減る。
- 感情をケアするためには、刺激、体調・蓄積疲労、個人の対処法、記憶、自信というアプローチがある。
- 特に刺激と体調・蓄積疲労によって感情を緩めることが効果的
- 援助がうまくいかないとき、自分自身のなかの「子どもの心の強さ」が、効果的な援助の妨げになっている場合が多い。
- 「人の心の15の本質」や「大人の心の強さ」を、納得するレベルまできちんと咀嚼できると、相手にも自分にも周囲にも現実的な期待値を持つことができ、自然体で援助することができるようになる。

第3章

さまざまな援助場面のスキル

第3章では現場で遭遇しやすいさまざまなテーマやトピックスを取り上げ、その問題をどう考え、どう対処していけばよいかを考えていきたいと思います。

ただし、世の中に全く同じ人がいないように、対人援助の現場でも、全く同じケースということはありえません。ケースごとに必ず特性があります。人が変わり、場所が変わり、時間が変わり、職場環境が変われば、さまざまな要素が変化しますので、本章で解説する考え方やスキルがそのまま当てはまるわけではありません。つまり答えそのものではないのです。

ここで解説する内容は、**難しい局面でも自分を見失わずに、最初の第一歩を踏み出すための考え方やスキル**です。まずは一歩を踏み出し、試行錯誤して、実践に活かしてほしいと思います。

1 援助したいと離れたい（自分の心のなかでの葛藤）

あなたのなかで、援助したい、援助しなきゃという気持ちと、離れたい、仕事を休みたいという気持ちが、葛藤して苦しくなることがあるでしょう。一時的なものならよいのですが、継続的な思いになっている場合、それを押し殺して仕事は続けられるものの、次第に仕事がつらい「刺激」として認識され、援助を求めてきた相手を嫌いになったり、職業自体を嫌いになったりすることがあります。２段階・３段階では、我慢し続ける対象が、つらいこととして記憶化されてしまうからです。

できれば、きちんと向き合い、整理しておきたいものです。

まず、メカニズムからおさらいしておきましょう。

援助したいと離れたいのメカニズム

援助をしたくないという気持ちが出ている場合、どうしても相手に対する「嫌悪感」が強くなっており、原因は「相手」だと決めつけていると思います。しかし、多くの場合、自分のエネルギーが低下して２段階となり、ネガティブな感情のボリュームが２倍モードになっていることが原因なのです。

援助は、自分に余裕（エネルギー）があるときしかできない、という原則があります。援助の「やる気」は、責任感や気力で出すものではなく、エネルギーによって「出てくるもの」です。少し仕事や苦手な人から距離をとり、自分を大切にする充電時間を作ってみてください。

また、あなたのエネルギーが低下するにしたがって、価値観の偏りも、大きくなってきているはずです。エネルギーケアとともに、偏り始めている価値観の整理も進めておきたいものです。

離れたい、仕事を休みたい、辞めたい、という思いは、「子どもの心の強さ」からは、ダメな気持ちと感じますが、体の自然な声なのです。その声をきちんと聞かなければなりません。

援助したい　ＶＳ　離れたい

考え方のスキル

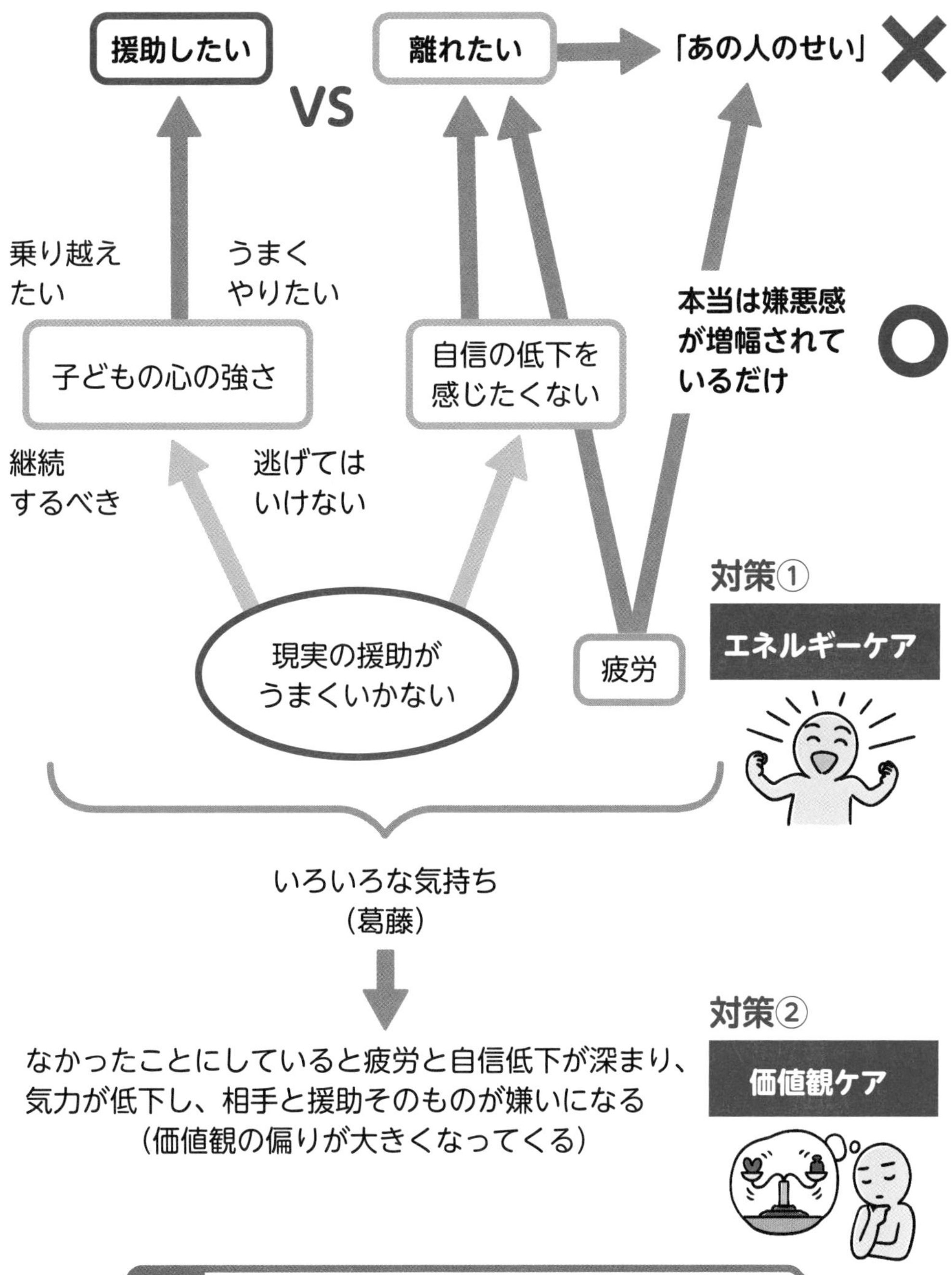

援助したい VS 離れたい →「あの人のせい」✕

乗り越えたい　うまくやりたい

子どもの心の強さ

継続するべき　逃げてはいけない

自信の低下を感じたくない

本当は嫌悪感が増幅されているだけ ○

現実の援助がうまくいかない

疲労

対策①
エネルギーケア

いろいろな気持ち
（葛藤）

↓

なかったことにしていると疲労と自信低下が深まり、
気力が低下し、相手と援助そのものが嫌いになる
（価値観の偏りが大きくなってくる）

対策②
価値観ケア

原則　**援助は自分に余裕のあるときにしかできない**

さまざまな援助場面のスキル

スキル 葛藤を整理するスキル：心の会議

すべての声（気持ち）を聞く

いろいろな気持ちを聞くには、ざわついている感情のボリューム調整をしなければなりません。感情の使用言語のうち、体と時間と雰囲気を使います。具体的には、落ちついた場所で、ゆっくりと数回、深呼吸してみてください。これは案外大切なコツです。興奮したまま思考に入ると、柔軟な発想は生まれにくいのです。

そして、自分の気持ちに向き合います。援助したい、援助したくない、の細部の気持ちを探すのです。援助したくないのはどうして？　やりがいを感じないから？　どんなときにそう思う？　……などと、細部の声を聞きます。そのとき、「でもやらなければならないじゃない」という正論は保留にして、とにかく弱音や泣き言のすべてにきちんと耳を傾けるのです。

この作業をすると、例えば、自分は、本当は「仕事をもっときちんとしたい」という思いが強いのだという、深い思いに気がつくことがあります。

ネガティブな気持ちを聞けたら、今度は建前の声も聞きます。これも、細部まで聞きます。

全部の声が聞けたら、行動を考えてみます。

このプロセスをとると、２段階・３段階に陥って偏っていた見方が、ある程度ニュートラルに戻ります。できれば一人でやるのではなく、誰かが付き合ってくれると、さらに思考が広がり、かつ客観的になれます。しかし、自分の嫌なところ、しかもその奥底まで話せる相手が見つからない場合も多いでしょう。一人で整理しなければならないときは、できるだけリラックスした体を維持することに気をつけ、紙に書き出したり、一人言を言ったりしながら進めるとうまくいきやすくなります。

心の会議

行動のスキル

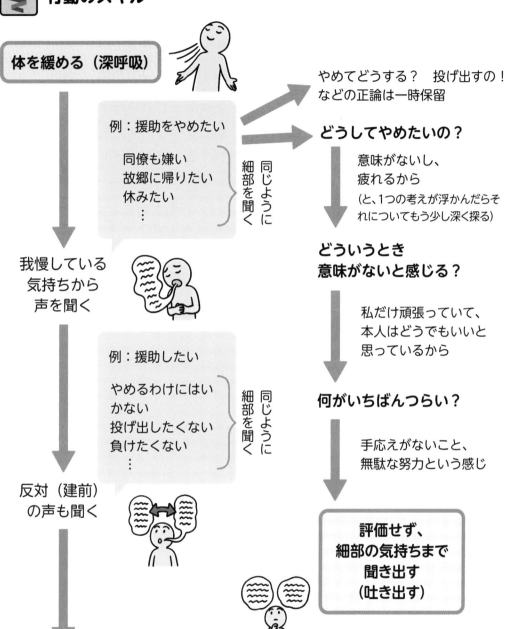

体を緩める（深呼吸）

例：援助をやめたい

同僚も嫌い
故郷に帰りたい
休みたい
⋮

同じように細部を聞く

やめてどうする？　投げ出すの！
などの正論は一時保留

どうしてやめたいの？

意味がないし、
疲れるから
（と、1つの考えが浮かんだらそれについてもう少し深く探る）

どういうとき
意味がないと感じる？

私だけ頑張っていて、
本人はどうでもいいと
思っているから

何がいちばんつらい？

手応えがないこと、
無駄な努力という感じ

評価せず、
細部の気持ちまで
聞き出す
（吐き出す）

我慢している
気持ちから
声を聞く

例：援助したい

やめるわけにはいかない
投げ出したくない
負けたくない
⋮

同じように細部を聞く

反対（建前）
の声も聞く

すべての気持ちを聞けたら、冷静に「行動」を考えてみる

さまざまな援助場面のスキル

スキル 行動すると感じ方が変わる :7～3バランス

人は疲れてくると、どうしても不安が強くなってきます。不安は、もともと人を「すくませる」機能を持っているので、大変慎重になってしまいます。具体的には、どの解決案もネガティブな部分だけが拡大されて見えている状態です。

一方で、人は行動すれば感じ方が変わるという特性もあります。いろいろな葛藤があり、すくんで動けないときには、何とか１つの行動を選択して動いてみると、感覚が変わり、さらに次の一歩も踏み出しやすくなります。

このように葛藤が多い場合に、何とか行動に移すためのスキルとして、**７～３バランス**という方法があります

デメリットを薄くするという考え方

例えば、Ａ案、Ｂ案の２案で悩んでいるとしたら、完全なＡ案を０点に置き、完全なＢ案を10点に置き、３点から７点の折衷案を具体的にイメージして、それを行動に移してみるのです。

この方法だと両案特有のメリットが薄くなりますが、重要なのは、デメリットが薄くなる案を考えやすいということです。デメリットが薄くなればそのデメリット部分への対策も考えやすくなり、より実行しやすい案を作れるのです。

案ができたら、ぜひ勇気を出して行動してみてください。頭のなかで限られた情報をこねくり回していても、葛藤はほぐれていきません。

感情を動かすルートは、体、時間、雰囲気、五感からのイメージ情報なのです。１つの行動で問題が解決するというものではない場合でも、行動することで新たな情報が入ってくると、目の前の景色が変わり、次の一歩が踏み出しやすくなります。

p.111の心の会議やこの７～３バランスは、葛藤の整理のためには大変有効なツールなので、自分でやってみて効果を感じると、人にもすすめてみたくなります。あるいはこの手順を使って、思考の整理を指導したくなります。ところが、対人

援助の場ではうまくいかないことが多いのです。

というのも、対人援助の場で一番重要なのは、味方になる援助です。相手は、葛藤を整理するより、今はあなたに、話を聞いてほしい、つらさをわかってほしい、支えてほしいという欲求が強いことが多いのです。

いくらよいツールだと感じても、それを強要すると「一人で頑張ってね」という突き放したメッセージになることを理解しておいてください。

7～3バランス

行動のスキル

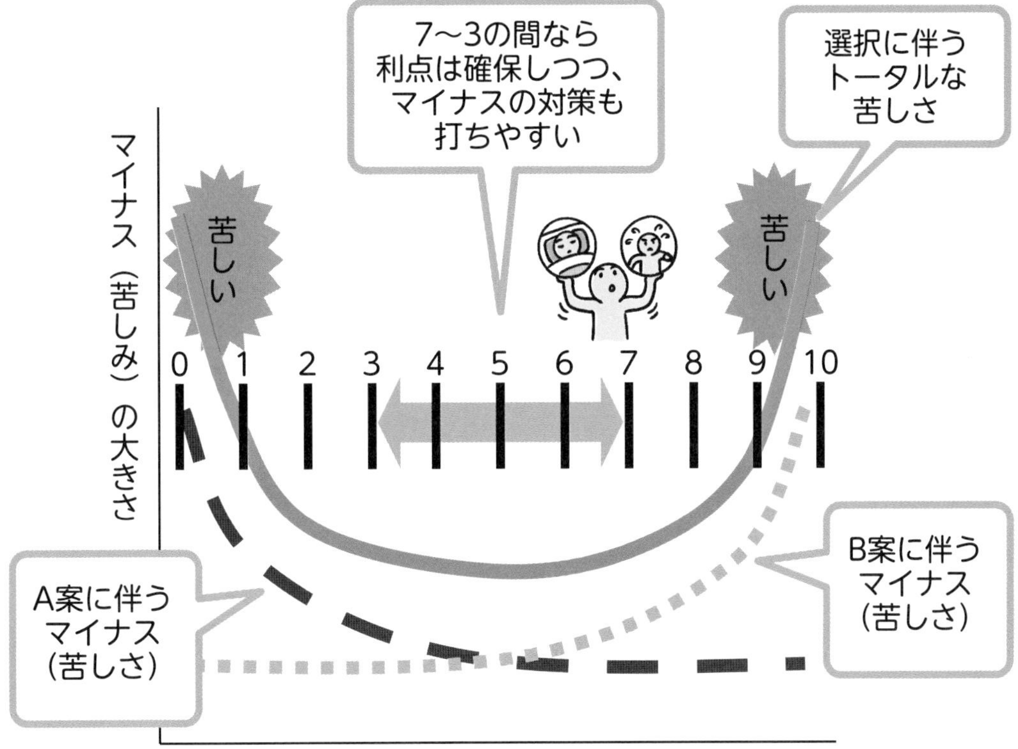

2 自己開示のスキル

援助する相手との距離をなかなか縮められないときには、もっとあなたのほうから自己開示するとよいかもしれません。

相手の話を聞こうとするとき、「自分のことは話さないほうがよい」という指導を受けたことがある人が多いと思います。いわゆる「自己開示や自分の経験談などは控えるべき」いうアドバイスですが、これもTPO（時と場所と状況）によって変えなければなりません。

カウンセリング教育などで自己開示を控えるようにいわれるのは、一般的に、援助に慣れていない人は、相手に自分の考えや案を伝えたくて、自分の経験談をしつこく話すことが多いからです。自分の経験談は、話しているうちに自分自身が楽しくなる傾向もあるので、結果的に、援助者だけが話し、相手が話せなくなってしまいます。それを戒めたのが先のアドバイスです。

しかし、このアドバイスを忠実に守っていると、自分のことを話すのが「悪いこと」のように考えてしまいます。これも学びの弊害です。

そういう人は、一回、白紙に戻して考えてみましょう。あなたは、自分のことを何も話してくれない相手に、心の深い部分を話せるでしょうか。相手の価値観がわからない限り、話す側も探り探りのコミュニケーションをするしかないのです。

自己開示で味方になる

対人援助の場では、むしろできるだけ自分のことを伝える必要があります。言うまでもなく味方になる関係を作るためです。

ただ、注意しなければいけないのが、時間的に長く話しすぎることです。長く話すと、どうしても「このことが大切で、あなたに理解してほしい」というメッセージになってしまいがちです。

話しながらも相手の表情などをよく見て、相手が話そうとするタイミングがあったら必ず相手に話を譲りましょう。自分が話すよりも、相手の話を聞くほうの効果が高いことを理解しながら、話題をコントロールしてください。

上手に自己開示をしよう

行動のスキル

ただ、聞いている
……
……
これこれ、
こうなんです……
この人は本当は
どう思って
いるんだろう
＜援助者＞
＜相手＞

うなずき、あいづち、要約をしながら
そうなんですね！
実は私も、こんな
ことがあって……
これこれ、
こうなんです……
この人になら
打ち明けられそう
＜援助者＞
＜相手＞

ただし、話しすぎには注意、よく相手を観察する

さまざまな援助場面のスキル

スキル 企図の明示

相手との距離をつめるためのもう１つのコツが、自分の意図をきちんと表現する癖をつけることです。例えば、歯医者に行くと、今自分がどんなに治療を受けているのか、自分では見えません。キーンという機械音、口の中に治療器具を入れられ、時々ピリッと痛む。今何をされているの、これからどうされるの？　と、とても不安になります。

上手な歯医者であれば、「これから麻酔しますよ、ちくっとします」とか、「悪い部分を削ります。麻酔がかかっているので大丈夫だと思いますが、もし痛かったら手をあげてくださいね」などと説明してくれます。不安を持ちつつも「あ、そうか」と思いながら治療を受けることができ、多少の痛みにも耐えられます。

対人援助は、援助者と援助を受ける側のチーム作業の側面があります。

筆者の下園は、元・幹部自衛官ですが、若い頃、自衛隊でしつこいほど指導されたのが「企図の明示」です。一人で何かをやる場合は思いつきでやっても問題ありません。ところがチーム作業になると、今思いついたこと、考えていること（企図）をきちんと仲間に伝えなければ、うまくいきません。

対人援助の場では、援助者はプロの知識と技術で援助しますが、相手は、今自分がどういうサポートを受けているのか明確に理解できていないことがあります。

自分勝手な援助にならないように、相手に、これからどんな狙いで、何をするのかを、面倒くさくても、こまめに提示する癖をつけておく必要があります。

特に、ある目的に対して一緒に頑張るというチーム的なかかわりになってきた場合、どうしても相手に対する配慮が薄くなってきます。そういうときこそ、むしろコミュニケーション量を多くしなければならないのです。

例えば、ある内容を質問するにしても、何のためにこの質問をされているのか、回答によって何が判断され、どの方向に進もうとしているのか、できるだけ言葉にしましょう。そして、相手の意向を確認しつつ、丁寧にチーム作業を進めたいものです。

企図の明示

行動のスキル

運動は好き？

＜援助者＞

え……
運動は好きだけど……、
でも何をされるんだろう

＜相手＞

今からみんなで
エクササイズを行います。
トレーナーさんが運動好きな人に
手伝ってもらいたいと
言っているんだけど……
運動は好き？

＜援助者＞

あ、ちょっと
苦手なんです
運動は好きだけど
皆の前に出るのは嫌。
断れてよかった

＜相手＞

3 アドバイスの技術

対人援助の場では、アドバイスをする場面も多いものです。ただせっかく専門的な立場からアドバイスをしても、「できない」と抵抗されたり、一旦は納得してくれたのに実際には実行に移してくれないこともあります。なぜなのでしょう。p.93でもお伝えしたように、相談者自身のエネルギーや自信の低下などの問題が大きいのですが、援助者のアドバイスのスキルに問題があることも少なくありません。

アドバイスをするとき、通常私たちは、「正しい、一番有効な」アドバイスを必死で考えます。受け入れてもらえないときも、別の正しい方法を考え、その有効性を強調し、説得のためにいろいろ工夫するでしょう。

実は、正しいことを提案するだけなら、スキルというほどのものはいりません。インターネット上には、情報があふれており、一般的な答えなら、スマホやパソコンで検索すれば得られるでしょう。ところが実際には、アドバイスにはかなりのスキルがいるのです。

アドバイスの範囲が重要

アドバイスで一番重要なことは、「正しさ」ではなく「相手が受け取れる範囲か」ということです。

アドバイス自体がどんなに正しいことでも、相手がアドバイスを受け取れる範囲、やろうとする範囲を超えてしまうと、結局は拒否されてしまいます。

ただ、相手も「やらなければならない」ということは理解しています。やりたいという思いもあるでしょう。でも、できないという気持ちが強く、葛藤しています。

相手が受け取れる範囲、これならやれそうだと思える範囲を、援助者と相手が共同作業で、探っていくのです。このとき、援助者は、相手のエネルギーレベルをできるだけ適切に予想します。そして、受け取れる範囲でのアドバイス（目標）を設定したら、その行為に「意味」を見出してあげるのです。この目的を達成することによって、何のメリットがあるのかを明確にします。

それだけではありません。実際にそれを行動に移すときに、失敗することもあるでしょう。そんなときは、適切な励ましを継続し、目標の修正をバランスよく提案します。もちろん、励まして達成すれば大きな自信になります。一方で、失敗がある程度続くと、今度は自信とエネルギーが失われます。やっぱり無理だと感じるときは、相手を非難するのではなく、もう一度「できそうな限界」を探り直し、そのなかで相手ができそうなことを見つけていくのです。

この一連の流れのなかで、援助者の経験とアイデアを提供しながら、共同作業をチーム感をもって進めていく、これが、現場で必要なアドバイスのスキルなのです。

アドバイスは「正しさ」より「受け取れる範囲」

行動のスキル

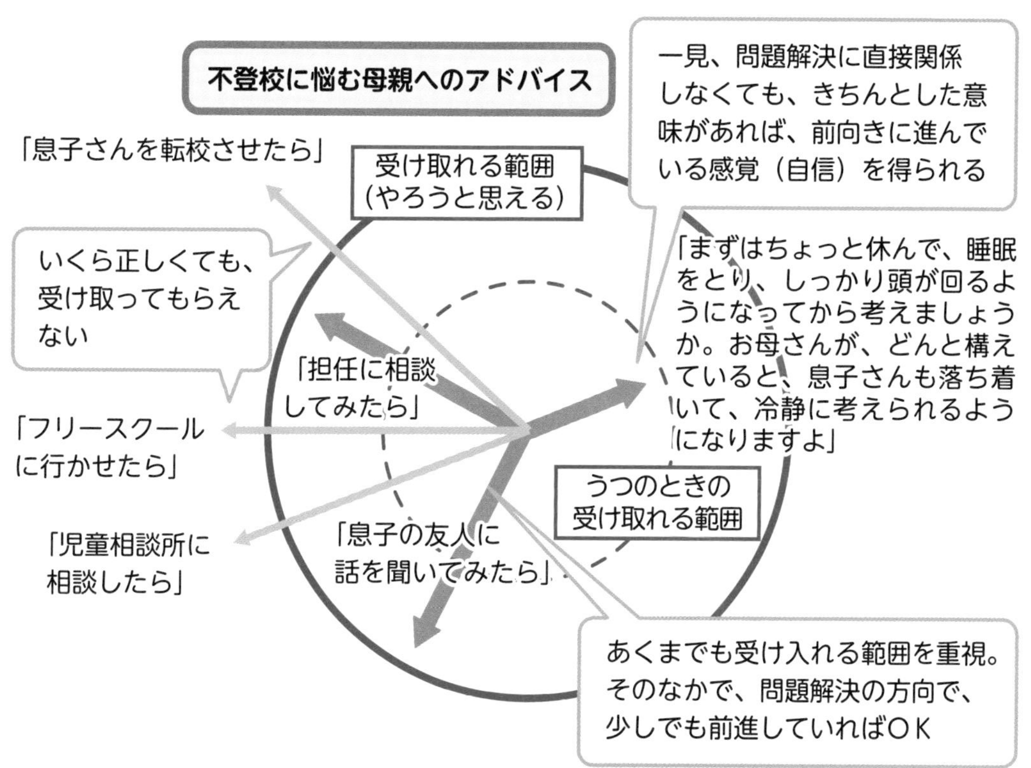

母親がうつっぽい場合、受け取れる範囲がぐっと狭まる。その場合、できそうな限界を探りなおす

4 死にたい気持ちへの対応

まずは、こちらが冷静になること

相談者から「死にたい」と言われたら、どうしてよいかわからず、途方に暮れてしまうのではないでしょうか。援助者であれば、「自分が援助しているのに、死なれては困る」という気持ちが湧いてくるでしょう。

まずは、自分が不安になっていることに気がついて、自分自身を落ち着かせることが必要です。

相手は今、川で溺れているような状態です。それを見たあなたが、パニックになってすぐに自分も飛び込んでしまっては、二次災害を招くだけで、救助はできません。救助の心得がある人は、周囲に助けを求めつつ、岸からロープや浮き輪を投げたり、下流に回り込んで助けようとするでしょう。

死にたい気持ちへの対応も、同じです。あなたがまず落ち着かないといけません。あなたが、必死になって、死にたい気持ちを論理的・倫理的に変えようとしてしまうと相手もあなたの期待に応えようと、必死に努力し、また疲れてしまい、状態が悪化することが多いのです。

実は、死にたい気持ちは、本人の論理的選択ではなく、うつ状態の１つの症状なのです。インフルエンザの発熱と同じように、苦しいけれど、自分では止められないものです。

それを、否定されるのは、強い「変われ」🄼であり、説得が論理的であればあるほど、相手はどんどんつらくなってしまいます。

死にたい気持ちへの対応も、これまで同様、大切なのは「味方になる」ことです。

必死に自分の不安を押し殺しつつ、相手の話をしっかり聞いて、一緒に悩んであげてください。注意点としてp.122で紹介する①～③のポイントを意識してください。

冷静でないと相手を変えようとしてしまう

考え方のスキル

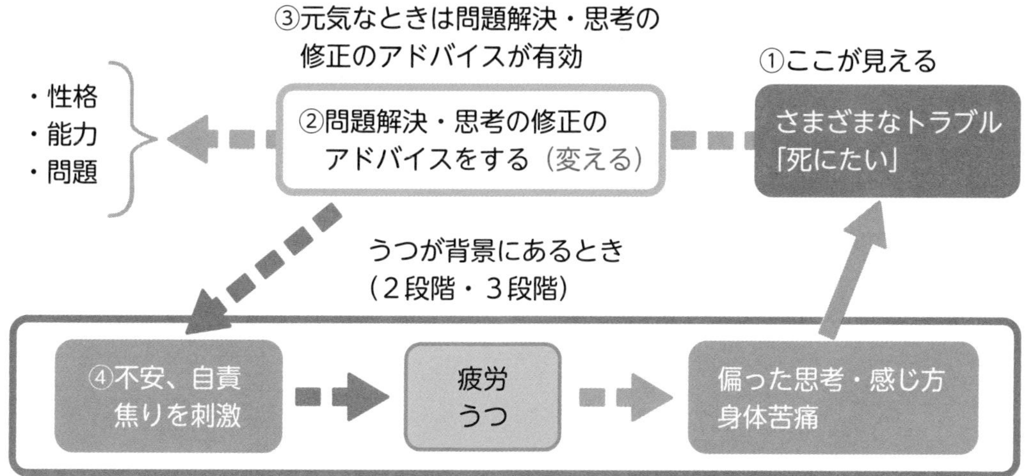

救いたい思いのアドバイスが、逆にうつを悪化させる

うつの症状（症状を変えようとしない）

考え方のスキル

不眠
「眠れない」苦しさ。２週間以上の継続

食欲不振
おいしくない。体重変化

過剰な
疲労感（負担感）
休んでも抜けない疲れ

思考停止
仕事ができない。成績の低下

身体不調
肩こり、頭痛、涙が出るなど、さまざまな症状

過剰な
無力感（自信低下）
何をやってもダメ。不幸続き。自信なし

過剰な
自責感（罪の意識）
自分は迷惑。「申し訳ない」。離婚、退職

過剰な
対人恐怖・怒り
人を避ける。失踪。逆に怒り（特に身内に）

過剰な
不安・焦り・後悔
休めない。否定的な考えしか浮かばない

過剰な
「死にたい」
消えてしまいたい。居場所がない

①死にたいという話題を否定しない。明るい話題にすり替えない

つい明るいテーマに話をすり替えがちですが、相手は、勇気を出して話してくれたのです。つらいテーマをきちんと詳しく聞いて、「味方」メッセージを出していきましょう。相手と「**一緒に困る**」状態になるのです。方法論を伝えるのは控えます。

②アドバイスしない、無理強いしないで一緒に困る（味方の時間で癒す）

死にたい気持ちを持つ人に、すぐアドバイスしてはいけません。まずは、苦しい話を聞き、うつの症状を確認します。そして一緒に困るのです。「今のつらさをわかってくれる人がいる」というのは、とても心の支えになるものです。すると、徐々に「味方」の関係ができて感情が収まってきます。

③落ち着いたら、うつへの対処を進める

死にたい気持ちは、うつの一症状であるので、本人が訴える外的問題を解決しても変わらないことが多いのです。刺激から離れ、休養し、医療を上手に活用し、周囲の理解を求めるなどの、うつ（蓄積疲労）への対処を進めます。

うつへの対処は、＜感ケア５＞（p.72）への対応のほかに、医療の活用、環境の調整などがあります。

相手から「会社や家族には言わないでほしい」と頼まれることもあるでしょう。援助者が、責任の重さと不安に耐え切れず、「家族には伝えたほうがよい」など、つい無理強いしがちですが、緊急性がさほどでないなら、「味方」の関係を優先するほうが最悪の事態を避ける確率は上がるといえます。

ただこのような状態が続くと、援助者自身も不安と緊張で疲労が溜まっていきます。一人で抱えず、専門家に相談し、複数の仲間と責任を分担しながら支えていきましょう。

自分自身が、つらい、嫌だと感じるときにはその気持ちを否定せずに、まず誰かに打ち明けましょう。それも難しいときには、思い切って距離をとるべきです。援助者にエネルギーがないと、援助は難しいという原則を思い出してください。

一緒に落ち込む時間で癒す

行動のスキル

つらい話を聞く

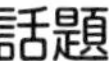

話題

自信の低下、不安、自責、疲労（負担感）で

頑張ったが
八方ふさがり
苦しい
死にたい

聞き方

- 客観的には否定したくなることも、本人にはそれが正しいと見えている
- うつの考え方、見え方だったら、どう感じるかを、自分でも同じように感じてみて（想像してみて）つらそうなところを質問してみる

対策は保留し、一緒に落ち込む

完全に同じ気持ちになる必要はない
そのあなたの態度と、時間が相手を癒す

5 妄想への対応

「統合失調症の人の話を聞くと、妄想を固定化してしまうので、聞かないほうがよい」と考えている人もいますが、本人はその妄想によって不安や恐怖を感じ、苦しみながら生活しています。さらに、きっとこれまで、家族や周囲から何度も「そんな事実はない」と否定され、孤独に陥っているでしょう。

誰かが自分の話を大切に聞いてくれるという体験は、相手を安心させます。

話を聞いているうちに、話がかみ合わない、これは現実ではないな、妄想かもしれない……と感じても、まずは相手の話をきちんと聞きましょう。

具体的にはMC 3をベースに、表情豊かにうなずき、あいづちを打ちながら、話の要素を要約します。一方で、話の矛盾点は、あまり強調しないようにします。

つい、現実とかみ合わないので、確認したくなりますし、相手に不自然だ、妄想だと気づいてほしくて、細かく質問したくなってしまいますが、統合失調症の場合、聞かれれば、さらに細部を妄想で補って話を広げてしまう可能性もあります。ですから、明らかに統合失調症の妄想であると判断できる場合は、出来事の細部を聞く質問は控えたほうがよいでしょう。

要約と共感で対応

話の内容については否定も肯定もせず、「聞いています」という「味方」メッセージを出しつつ、ただ話された要素を要約するだけでよいのです。

そして、話のなかで本人が困っていることには、共感します。例えば「いつもアパートの住人が集まってあなたを見張っているんですね。とても不安になるし、困ってしまいますよね」などと、そのことで困っている気持ちは受け取った、理解している、というメッセージを伝えます。このような対応で味方関係ができると、本人も落ち着いてくるタイミングがあります。

そのときに「そのアパートの人たちも24時間あなたを見張っていたら、仕事にも行けないし、眠る時間もないよね」「アパートは知らない人たちの集まりだけど、みんなが集まって見張ってるの？」など、現実的な話をしてみます。すると感情が落ち着いてきた相手も、「自分でもおかしいと思っているんですけどね……」などと冷静な部分が復活することがあります。ただし、妄想が続く場合は、また「聞く」姿勢に戻ります。

統合失調症などの精神疾患がある場合は、きちんと医療につなぐべきですが、それで終わりではありません。精神疾患を抱えながら、生きる（生活する）つらさは続くのですから、そのつらさを対人援助でサポートしたいものです。

妄想の聞き方

行動のスキル

妄想とは、本人の強い思い込み。本人にとっては真実
監視されているとか、電波で操縦されるなどの特徴的なストーリーがある場合も

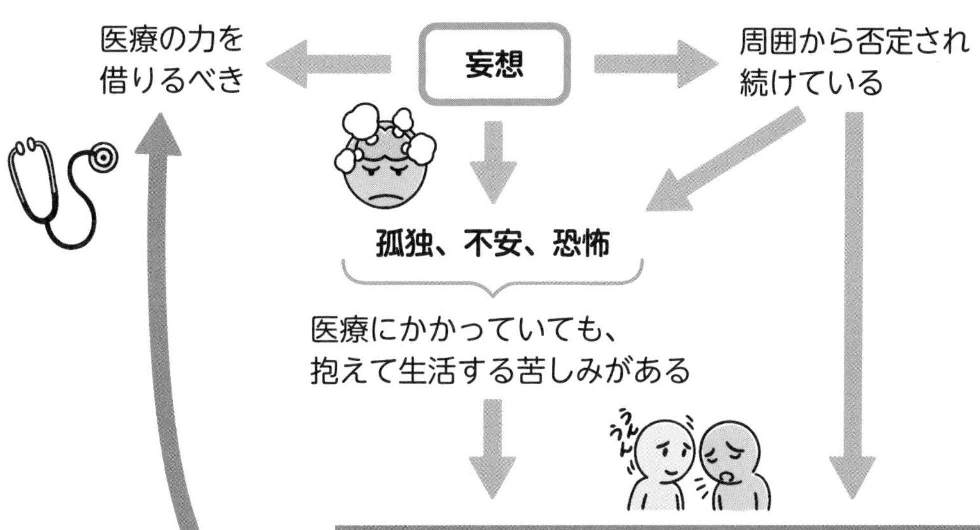
医療の力を借りるべき
妄想
周囲から否定され続けている
孤独、不安、恐怖
医療にかかっていても、抱えて生活する苦しみがある
対人援助で、「味方」になって安心してもらう（感情部分のケア）
まだ医療につながっていない場合は、味方になり、相手が冷静なときに、受診をすすめてみる
・MC３で対応する
・事実認識について、話の細部は質問せず、相手の話の範囲で要約
・苦しさにはきちんと共感

6 うそへの対応

うそもメッセージとして受け止める

対人援助をしていると、相手がうそをつく場面に遭遇することがあります。社会的に問題が生じる場合や他者へ不利益が生じる場合のうそは、正さなければなりません。

しかし、例えば、カウンセリングの場のように、話がほかの場面に直接影響しないような状況であれば、「うそをつかせてあげる」「だまされてあげる」という援助もあると考えています。

人は自分に注目してもらいたい欲求があります。弱っている場合は特に、その欲求が強くなります。うそをついてでも援助者の関心を得たい人もいる（ときもある）のです。

うそといってもさまざまです。ちょっとした苦労を大ごとのように表現することも、うそと言えばうそです。ただそう考えると、**私たちも普通の人間関係のなかで、結構うそをついているものです。**

「うそはダメ」と頑なにならずに、「もっと自分を注目してほしい」というメッセージであると理解してみましょう。

ただし、あなたが本当にだまされて、何らかの行為をすることになってはいけないので、必要に応じて事実確認はしておくべきです。一方で、それがうそだったことが判明しても、そのことで相手を問い詰める必要はありません。

うそでも「きちんと自分の話を聞いてくれる人がいた」という体験自体が、感情のケアになるのです。感情がケアされれば本人は次第に落ち着き、うそをつかなくてすむような状態になっていく場合が多いのです。

うそへの対応

行動のスキル

現実的な問題が生じる場合は、うそは正すべき

現実的な問題が生じないならば、うそを認めてもよい場合もある

相談者

自分に
注目してもらいたい
欲求

弱っている
ときには特に

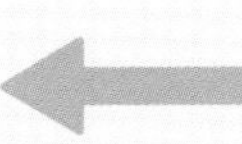

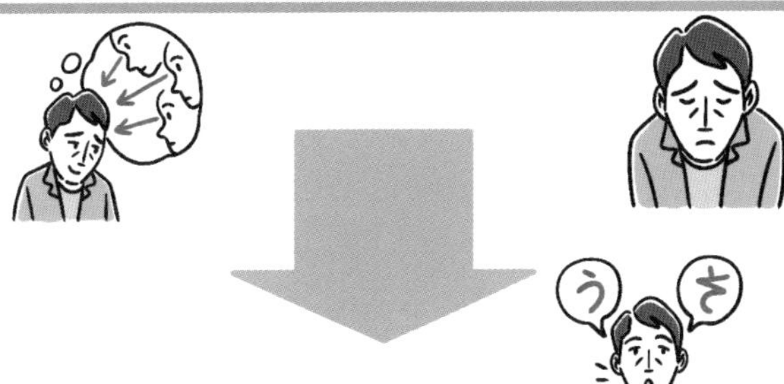

援助者にうそをつく

クライエントの
「もっと自分を注目してほしい」
メッセージと理解

・うそでもきちんと話を聞く
・矛盾点を追求しない
・かといって、うそに
　踊らされない

うそである
ことが判明
しても責め
ない

味方を得たことで感情がケアされてうそをつかなくてもよい状態になることも

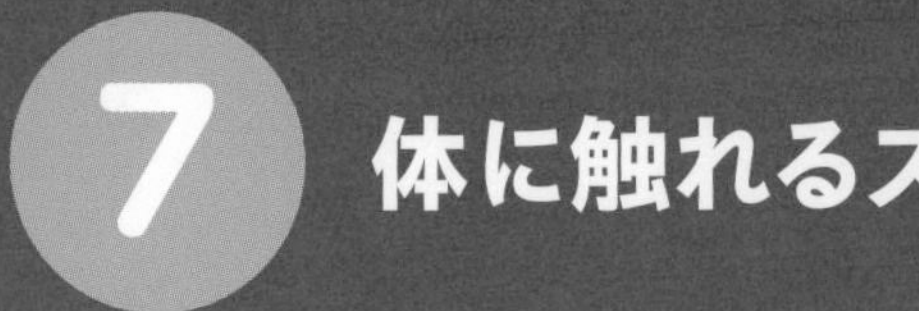

7 体に触れるスキル

相手の体に触れるような体からのアプローチは、頭(論理)からのアプローチに比べて、感情に効果的にはたらきかけます。看護職の人たちは相手がつらそうにしているときに、背中や手をさすってサポートすることもあるでしょう。昔から「手当て」ともいいます。一方、いくつかのデメリットもあるので、体からのアプローチは避けられがちです。

ただ、私たちは、マッサージを受けるときや、身体の治療やケアを受けるときには、体を触られることに違和感はありません。むしろ快さが伴うことが多いはずです。

体からのアプローチを頑なに避けてばかりだと、せっかくの効果的なツールをまったく使わないことになり、もったいない感じがします。メリットとデメリットをよく理解し、上手に使えるようになりたいものです。

まずはデメリットについて、きちんと理解しておきましょう。

大きく、デメリットにつながる４つの要素が考えられます。

要素１：嫌がる人がいる

自分の感覚で相手に触れてはいけません。体からのアプローチに援助者自身が慣れていると、つい相手も抵抗がないものと考えてしまいます。過敏さは個人差が大きいのです。また、性格がおおらかだからといって肌に触れられることにまで寛容だとは限りません。

要素２：個人差が大きいだけでなく、個人のなかでも変化がある

感覚は変動しやすいのです。例えば、どこかが痛い場合は、快感より不快が勝るようになります。また、ショックな出来事に遭遇した直後は、五感が過敏になることがあるのです。さらに、援助者に一旦嫌悪感を持ってしまうと、不快を感じやすくなります。これらの変化は、援助者には、想像がつきにくいので、バランスを崩しやすい原因になります。

要素3：親密な関係になると、大切な人を裏切りたくないので断りにくくなる

体に触れるという行為は、親密度や信頼を象徴する部分があります。相手は、援助を受けるという受け身な立場にあるので、嫌なとき、嫌な人に対しても、それを伝えにくい傾向があります。特に、気心の知れた援助関係になるほど、相手への遠慮が大きくなり、嫌悪感を我慢してしまいがちです。親密な関係になるほど注意が必要です。

要素4：恋愛依存につながりやすい

親密さが刺激され、不用意な恋愛関係に陥るリスクがあります（次項参照）。

体からのアプローチを活用する際は、これらのデメリットやリスクをきちんと理解しつつ、その対策をとりながら進めるべきです。

具体的には、事前にしっかり説明し、そのたびごとに同意を得ます。一度同意されても、今は体に触れてほしくない場合もあるのです。

さらに、援助をしているときも、相手の反応をきちんと観察します。それだけでなく、自分以外の人からも相手の情報を聞いて、嫌がっていないかをチェックしなければなりません。

体に触れる援助

行動のスキル

メリット

感情にはたらきかけられるルート

安心感が得られやすい  悩んでいる人には大変有効

→ デメリットを避けつつ、バランスよく活用

マッサージを受けるときは不快はない

デメリット

- 嫌がる人がいる
- 個人差が大きい。同じ人でも、嫌なときもある
- 親密な関係になれば、大切な人を裏切りたくないので断りにくくなる
- 不用意な恋愛関係につながりやすい

→

- 毎回、きちんと説明し同意を得る
- 相手の反応を観察、嫌がっていないかをチェック
- 親密になるほど、配慮の気を抜かない

8 不用意な恋愛関係への発展を予防する

恋愛感情による問題

困っているときに援助されると、人は好意を持つのが当たり前です。また、援助するほうも、自分の援助の効果があり、かつ援助した相手から好意をもたれると、その人に対して好意を持つようになるのは当たり前のことです。つまり、援助関係は、恋愛感情に発展しやすいのです。

一方、恋愛感情が生じると、独り占めしたくなるものです。

援助者にこの思いが強く生じると、援助に妨げが生じる場合があります。本来は、相手が、いろいろな人につながっているほうが、よいサポートを受けられるはずですが、援助者が、「自分だけが支えている」と感じられるように、ほかの援助者、援助組織などとの交流を妨げるようになります。

反対に、相手のほうに恋愛感情が生まれると、援助者を独り占めしたくて、ほかの人（相談者）に不快な行動をとるかもしれません。

また、援助者の特定の人（恋愛対象）への手厚い対応が、ほかの人の不公平感を呼ぶ場合もあります。さらに、恋愛は、楽しい感情だけでなく、不安も感じやすいものです。別れる、別れないの心理トラブルが生じやすく、双方が疲弊しやすいテーマです。援助者のほうが、急に相手から距離をとり、それで相手がショックを受けることも少なくありません。実際に破局に至ると、つらさは一気に募ります。恋愛感情だけなら、単なる失恋のつらさだけかもしれませんが、援助関係にある人たちの破局は、その後の援助の喪失にもつながります。

このように、好意が恋愛に発展すると、援助にはマイナスになることが多いので、恋愛感情にはかなり注意をして対応するべきなのです。援助者自身が恋愛に発展しそうな予感を感じた時点で、信頼できる人に打ち明けておくと、ブレーキにもなりますし、相談することで冷静さを取り戻すこともできます。

また、援助者は、自分だけが注意しておけばよいというものではなく、相手の恋愛感情にも意識を向けなければなりません。自分の行動がどう受け止められているのかを想像し、過剰な期待を持たせないように注意してください。

かといって、人間なので、好き嫌いがあるのは否めません。ある人に特に好意を持つことを否定する必要はありません。好意は親切にもつながり、援助のパワーを強化します。また、恋愛になっても、それがそのままうまく発展する場合もあるのです。

メリットとデメリットをきちんと考察し、冷静に自分なりのバランスを探ってください。

恋愛に発展しそうな好意

行動のスキル

メリット

・好意は、厚い・熱心な援助のエネルギー
・恋愛は、自信の大きなケアになる

デメリットを避けつつ、バランスよく活用

援助者、相手は、お互いを求め、恋愛になりやすい

デメリット

・独り占めしたくなる
　ほかの援助者の援助を阻害することも
・快感とともに、不快感（不安）も大きくなりやすい
・破局に伴うショックは大きく、援助関係もなくなる
・破局になると自分も苦しくなり、突然距離をとってしまう
・他者にとって不公平な援助に見える

弱っている人をさらに傷つける可能性

好意を持つことを否定しすぎなくてよい

デメリットを意識し、予防する
・複数でかかわる
・自分の好意を周囲にも伝えておく
援助にマイナスになるようなら、援助の関係から上手に離れる

9 依存関係について

身体接触、恋愛と同じく、依存も対人援助を学習する際は、禁忌的に扱われることが多いテーマです。

これもマイナス面から、おさらいしておきましょう。

依存されると自分（援助者）がつらい、振り回される

そもそも対人援助は、互いが好意を持ちやすい関係であるということは先にもお伝えしました。恋愛感情と認識されなくても、援助してくれる人を独り占めしておきたいという欲求は、人として普通の心の動きでしょう。相手は弱っているので、その思いも強くなりがちです。

ただ、援助者がその欲求に応えきれず、疲れてしまう場合があります。するとだんだんその相手を嫌いになってきて、距離をとるようになると、当然援助の質も落ちてきます。

また、そのつらさが募り、急に援助の場から離れてしまうと、相手を動揺させてしまう可能性もあります。

依存させると、相手の自立を阻害する

最もよく指摘されるのが、依存させると相手の自立を阻害するということです。たとえるなら、冷たい冬の朝は、なかなか暖かい布団から外に出て行きたくないのと同じです。

ほかの人に不公平感が生まれやすい

これも恋愛で指摘したのと同じように、他者にとって不公平感を感じやすくなります。

ただ、依存は対人援助において本質的なものなのです。確かに現場では自立を阻害する関係になっているケースも見られます。しかし、それは不注意で依存を固定させてしまったからだと理解するほうがよいでしょう。

依存から自立へ

考え方のスキル

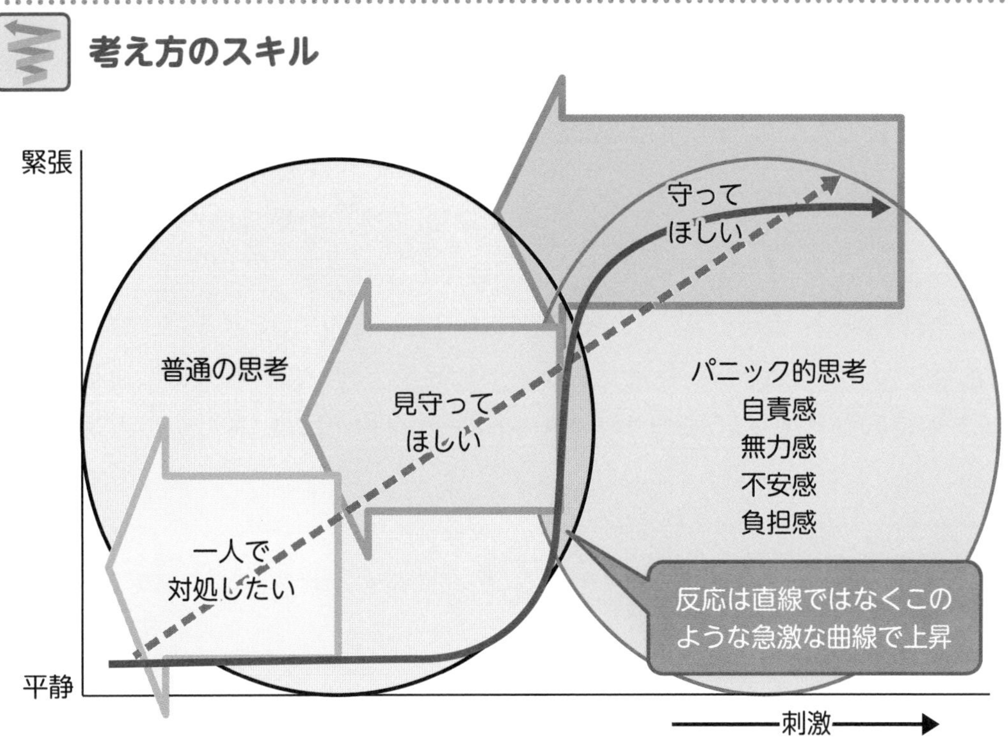

戦場で生きるか死ぬかのときに、モルヒネ（鎮痛剤）を使いますが、だからと言って、それが必ずしも依存になっていくわけではありません。

そもそも人は、弱っているときには「守ってほしい」、つまり依存する傾向があるのですが、回復するに従って「見守ってほしい」から「一人で対処したい」、つまり自立のほうに変わっていくのが自然なのです。というのも、依存の状態は、本来、他者の援助がなければ生きていけないという不安を感じさせる状況であるからです。依存は、他者から見たら楽に見えるかもしれませんが、本人にとってはとても苦しい状態なのです。

対人援助は、弱っている人に一時的に依存させる関係を作るものだと理解するとよいと思います。つらい刺激でパニック的な思考に陥っている相手に、「味方になる」ことで落ち着いてもらうのが対人援助の本質です。

いわゆる依存のデメリットが生じるのは、本来、相手が持っている「自立したい」という欲求を阻害してしまう行為をするからです。

多少のリスクを感じても、自立したい欲求が生じたら、そちらのほうを伸ばすような援助にシフトしていかなければなりません。これを阻害するのが、援助者の「完全に正しく援助したい」とか「失敗したくない」「つらい思いをさせたくない」という価値観です。完全な生き方ではなく、トライ・アンド・エラーで生きるという価値観を、援助者自身が持たなければならないのです。

また、援助者である自分が負担を感じてきたら、それは援助関係が続かないサインです。ほかの人と交代できるならそうするし、できない場合は、多少の軋轢が生じても、援助の度合いを小さくしていくべきでしょう。

このとき、ストーカーのように変わる相談者もいるので、できるだけ他者を交えて慎重に行ってください。「話せばわかる」は、感情で動いている人には通じない概念です。楽観は禁物です。要求が大きくなりそうな相手には、あらかじめ期待させないことが大切。できるだけ早めに、上手に、しかし、明確にNOと告げる練習をしてください。

さて、ここで援助者が相手に依存する（双方依存する共依存も含めて）背景を整理しておきましょう。

依存を予防するため、あるいは一旦依存に陥ったときの打開策を検討する際に重要になります。

一番大きい要素は援助者の自信の低下

まだ経験が少なく自信がない人は、自分一人で相手を支えようとは思わないことが多いので、ある一定の自信がある人が、依存に陥りやすくなるのです。

ある程度の自信はあるからこそ、この難しい相手も、（ほかの人は無理でも）自分は上手に援助できると思いたいのです（第１の自信「できる」の補強のためです）。

あるいは仕事上では自信があっても、私生活や異性との関係で自信を持てない人の場合、恋愛系の依存に流れやすい傾向があります（第２の自信、私には男性（女性）としての魅力があるの補強）。

また、支える相手が自分なしではうまく生きられないと感じることで、自分の存在価値や居場所を確認する第３の自信を補強しようとする人もいます。

このように自信のなさが背景にあるのですが、実はその自信のなさに直結しているのが、蓄積された疲労であることが多いのです。

疲労が蓄積すると自信が低下するだけではなく、不安も強くなるので依存がさらに悪化します。またしっかりしなければならないという「子どもの心」などの価値観も強くなるので、葛藤が大きくなり、さらにストレスが増えてしまい、依存にしがみつくというサイクルも生まれます。

依存関係で問題が生じ始めたとき、その人間関係ばかりに目を向けるのではなく、その援助者の、ここ数年の環境の変化や過重労働、睡眠、サポート体制の変化など、仕事の環境だけではなく私生活も含めて、ストレスや疲労の蓄積についてチェックしてみてほしいと思います。

依存関係の原因と対処法

考え方のスキル

援助者の自信の低下

「できる」の自信の補強
ほかの人より優れていると感じたい

「人間」としての自信の低下
もっと自分（性）の魅力を感じたい

居場所の自信の低下
自分でなければならない場所がほしい

自信を補強したくて → 依存の関係

疲労していると自信がなくなる

対処
具体的な人間関係だけに目が向くが……
援助者の疲労についてケアするのが有効

10 攻撃してくる人への対応

援助の場面では、相手が援助者を攻撃してくる場合も少なくありません。近年は日本人の怒りの沸点が低くなっており、直接あるいはSNSなどを通じての攻撃が増えたように思います。

多少の攻撃は、弱っている人は一時的に感情的になっていると理解し、味方になる手法で対応してください。相手の動きに対応してこちらが怒りの反応をしてしまうと、怒りのエスカレーションを呼び込んでしまいますし、逆にこちらが冷静に論理的に対応しようとしすぎても、論理は感情の使用言語ではないので、火に油を注ぐような結果になりがちです。

感情の使用言語は**イメージ**、**時間**、**雰囲気**、**体感**であることを思い出してください。ここでもMC 3 (p.6)での対応が重要です。

相手の話をできるだけ穏やかに聞いて、「聞いてるよ（あなたを無視していません）」Ⓜを出します。そして相手の感情が収まるまでの時間をとるのです。相手の感情が収まった頃に、冷静に話を進めると、相手がなぜ怒っていたのか、なぜ攻撃してくるのかという本質が理解しやすくなります。

自分の身を守ることを優先

一方で、このような一時的な感情でなく、継続的な攻撃や脅しなどを受ける場合は、援助よりも自分を守るほうを優先しなければなりません。援助は余裕があるときにしかできないという原則に立ち返ります。自分が安心できない状況なのに、援助などできないのです。相手のことを考える必要はありません。まずは自分の身を守ることに集中します。援助者であるという立場にとらわれすぎてはいけません。必要なら相手を訴えるなどの反撃をしてもよい状況なのです。

攻撃から身を守るためには、まずは、離れる、助けを求める（味方を作る）、対処行動をとる、などのステップを踏みます。特に重要なのは、一人で戦わないことです。孤独は判断を誤らせますし、消耗も大きくなります。

攻撃してくる人への対応

行動のスキル

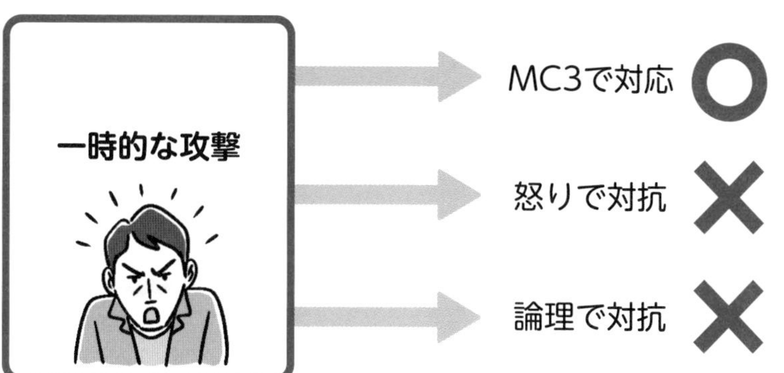

・聞いているよメッセージ（うなずき、あいづち）
・相手の話をきちんと要約
・時間をかける

感情をケアし、相手が冷静になったら、怒りの真意を探る

継続的な攻撃

援助より身を守ることを優先

原則

援助は余裕のあるときにしかできない

離れる、助けを求める、対処行動をとる（反撃してもいい）

まずは、誰かに相談する（一人で戦わない）

11 難しい事象や症状への援助

対人援助は何らかの援助をしてすぐに相手が元気になる状況ばかりではありません。むしろ相手にさまざまなトラブルが連続的に押し寄せて、大変困難な状況で援助を進めることのほうが多いのではないでしょうか。

経験の少ない援助者は、自分の援助が十分に効果を発揮できていないことに自信を失うかもしれません。具体的な成果が表れず、相手の喜ぶ姿が見られないと、何の役にも立っていないと感じてしまいがちです。

そのようなとき、自分には知識が足りないと学習し直したり、資格試験を受けてみたり、あるいは対人援助の権威や先輩にアドバイスを受けるなど試行錯誤するでしょう。

「並走する援助」と心得る

もちろんそういう自分のスキルを上げる努力も必要ですが、そもそも対人援助とは、解答を出す援助ではなく、「**並走する援助**」であることが多いのです。

人の人生は簡単に答えが出る問題ばかりではありません。援助者は、答えを提供することよりも、答えを探しながら一緒に困ったり、一緒に作戦を考えて試行錯誤をしていくといった、そういうサポーターであるべきだと思います。

つらい症状や環境、人間関係などの改善が薄くても、「並走していること」が支えになるのだと、自分のなかで整理しておくことです。そして、自分のスキル不足を指摘・指導してくれる先輩だけでなく、自分の並走する姿や努力をきちんと認めてくれる先輩や仲間を大切にしていくことが重要です。

対人援助とは並走する援助

考え方のスキル

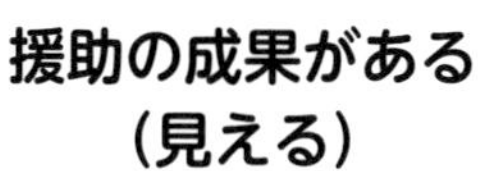

援助の成果が感じられない
（見えない）

援助者が安心

援助者が不安

考え方を変えてみる

そもそも

対人援助は答えを出すというより、つらい環境で生きる相談者と並走する援助がほとんど

自分は正しい？
自分は努力した？
自分はダメ？

学び直しに走っても答えはみつからない

短期的な結果でなく、並走できている（悪化を予防できている）ことを自分で認める

並走する援助をきちんと認めてくれる仲間との交流、仲間作りを

12 惨事（事故・事件、災害、パワハラなど）に遭った人への援助

生きていると、日々さまざまな出来事の連続です。病気や事故で障害を負った、事件や災害などで大事な人や財産を失ったとか、身近な例では、上司から叱責された、仕事でミスをした、失恋した、受験に失敗した……など。対人援助の場では、このような大小さまざまなショック（惨事）を受けて落ち込んでいる人を援助することも少なくないでしょう。

例えば、詐欺に遭って、大切なお金を盗られた、というお年寄りがいたとしましょう。あなたはそれを援助する、弁護士さん、警察官、近くの民生委員さん、友人かもしれません。どう援助していったらよいでしょう。

実は、人は大きなショックに遭遇すると皆、同じような心理反応が出てくるのです。その場所や人、話題を避けたり、思い出さないようにしたりする**回避反応**。思い出したくないのに突然思い出す、夢に出てくるなどの**侵入反応**。イライラする、眠れなくなる、食べたくない、些細なことが気になるなどの**過覚醒反応**などです。

多くの場合、初めて感じる反応なので、自分の変化に驚き、強い不安を感じるものです。それがもともとの出来事のショックに加わります。

さらに、惨事後は特有の思考が生じます。自分のせいで、という自分を責める気持ち（**自責感**）や、自分は壊れてしまったのか？　誰も助けてくれないのかという自信の低下（**無力感**）、この先どうなるのかとネガティブなことばかり考える**不安感**です。これらの心身の変化を**ファーストショック**と呼んでいます。

ファーストショックとセカンドショック

ファーストショックはとてもつらいのですが、危機に対応する防御反応のようなものなので、事態が収まりさえすれば、徐々に楽になって、通常１か月、長くても数か月で元に戻れます。ただし、時にそこに過敏になっている自責感、無力感、不安感を刺激する状況や、過労が加わると、うつ状態になってしまうことがあり、これを**セカンドショック**と呼んでいます。

セカンドショックへの移行を予防するには、「疲労」と「客観的な事実認識」に注

意することです。

疲労は、これまでも説明してきたように、うつの主な原因になります。惨事の後はどうしてもその対応に追われ、疲労を溜めがちですから、余計に休養や睡眠の確保が大切です。

客観的な事実認識が必要になるのは、惨事後の反応や思考の偏りのためです。

惨事後は、自分がこの惨事の原因だとか、自分がもう少し対応できたはずだなど と、自分を責める思考が強くなります。さらに、周囲も、回避症状としてその話題を避けるようになります。すると、それぞれの人が、人知れず、自分のせいでとか、自分には対処能力がない、仕事を辞めようか、自分の責任が明らかになったら仲間から非難される……などの偏った認識を肥大させがちなのです。

さらに、惨事後の眠れない、突然思い出す、忘れられない、夢に出るなどの反応についても、「自分だけがこうなっている、事件のあと自分が変わってしまった、これは一生治らないのではないか」などと思い込んでしまうのです。

このような一人での思い込みが深くならないように、惨事の後はファーストショックが誰にでも起こること、それは時間とともに収まること、などを説明してあげましょう。

反応の正体や、自分だけでないことがわかると、相手も落ち着きます。

もし、その人の話を聞く機会があれば、出来事を丁寧に聞きます。

つらい体験は聞かないほうがよいと思っている人もいるかもしれませんが、出来事から1か月以内であれば、むしろしっかり話したいという人が多いのです。一方で回避症状も出ているので、「話したくない」という気持ちもあります。具体的には、「自分が体験したつらさをきちんと理解して、自分を責めない人」になら話したいのです。

体験を詳しく聞くのは、体験のつらさを共有するためです。相手と同じ映像が見えるぐらいまで、きちんと詳しく聞きます。

そのときも、これまでお伝えしてきた「味方」メッセージ、うなずきやあいづち、要約を駆使し、そんなことがあったら苦しいよね、そんななかで頑張ってるよね、というメッセージを伝えながら聞きます。詳しく聞いて、まるで一緒にその出来事を体験しているような感覚が共有されると、相手から同じ体験をした仲間（味方）として受け入れてもらえるようになります。

そのうえで、ファーストショックやセカンドショックの説明をしたり、他の惨事を体験した人の事例を紹介したりして、「そんなことがあったら、○○しても、□□と感じても無理はないよ」「こんなつらい状況のなかで今のあなたはよくやっているよ」というメッセージを伝え、安心してもらうのです。

惨事を体験した人は、不安で孤独です。一人で戦っているその人に「味方がいる、一緒に考えてくれる人がいる」と実感してもらうことはとても大事なことです。日本には、通夜、葬儀、初七日や四十九日という喪の儀式があります。誰かが亡くなったときに、親戚や友人が駆けつけて、「何があったのか」「どうして亡くなったのか」

ファーストショック・セカンドショック

考え方のスキル

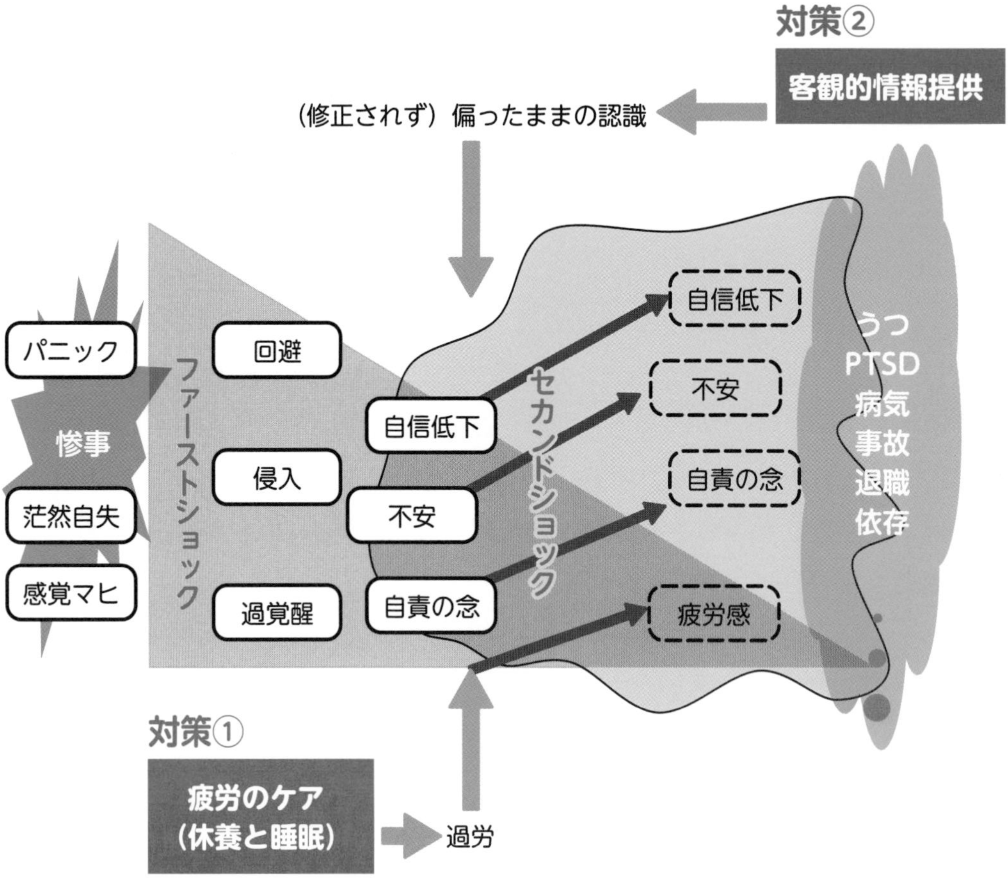

対策②
客観的情報提供
（修正されず）偏ったままの認識
パニック
惨事
茫然自失
感覚マヒ
ファーストショック
回避
侵入
過覚醒
自信低下
不安
自責の念
セカンドショック
自信低下
不安
自責の念
疲労感
うつ
PTSD
病気
事故
退職
依存
対策①
疲労のケア
（休養と睡眠）
過労

「頑張ったね」と言ってくれる。それらは、大事な人を亡くし、ショックを受けている人に寄り添い、孤独を癒してくれる、理に適った昔ながらの風習なのです。

第3章のまとめ

- 「援助したいVSしたくない」などの葛藤は、価値観の整理の大チャンス。きちんと先輩や同僚などと話し合い整理しておきたい。自分で整理するなら「心の会議」や「7～3バランス」を試してみる
- 人間関係の距離をつめたければ、「自己開示」や「企図の明示」のスキルを鍛える
- アドバイスは、正しさより受け取れる範囲を重視
- 死にたい気持ちは、変えようとせず、「味方」で支える
- 妄想を持つ人も、現実生活で悩んでいる。「味方になる」は心強い援助
- 対人援助の場では、「うそをつかせてあげる場」も有効な援助になりうる
- 体に触れるスキルは効果的だが、デメリットをきちんと理解し、それを丁寧に避けながら実施する
- 恋愛は人にパワーを与えるが、対人援助関係では、デメリットが大きくなりがち。できるだけ援助者のほうが冷静に関係をコントロールするべき
- 依存の関係は心理的ケアにおいて重要なはたらきをする。恐れすぎる必要はない。ただし、相手の自立の欲求を阻害してはいけない
- 攻撃してくる人に対しては、援助よりまず自分の身を守る。援助は自分に余裕のあるときにしかできない
- 難しい事象やケースでは、「並走する援助」を意識する。よくできなくても、悪くしないことが大きな援助になっていることが多い。自己嫌悪に陥りやすいので、仲間の心理的援助を得ておく
- 惨事対応は、ファーストショック、セカンドショックを理解する。ポイントは、ファーストショックの症状を説明し自信を補強することと、セカンドショック予防のための疲労のコントロールと客観的情報提供

第４章

事例を通して学ぶ

第４章では、これまでお伝えした内容を具体的な事例に当てはめながら、復習していきたいと思います。ここで、押さえておいてほしいのは、**大事なのは、表面的なスキルではなく、根本的な考え方や価値観**の部分だということです。

例えば、対人恐怖症を治したいという人にさまざまなスキルを提供してもなかなか改善しなかったとき、多くの援助職は、「自分は、役に立たなかった」と落ち込むと思います。こうしたときほど、援助職が持っている価値観が重要になってきます。「人はなかなか変われないもの」という価値観を持っていれば、「残念だけどそういうこともある」、そのうえで「対人恐怖を抱えたままで生きる援助をしよう」と「並走する援助」のほうに気持ちを切り替えられるものです。

本章の３つの事例についても、自分がどのような価値観を持って読んでいるのか、自分自身で観察しながら読み進めてもらいたいと思います。

1　3つの事例から

事例から援助の方法を考えてみよう

これまで「対人援助」について、「行動のスキル」と「考え方のスキル」を紹介してきました。

どのように援助していけばよいのか、なんとなくわかってきたのではないかと思います。あとは実践においてぜひスパイラル状に鍛えていってほしいのですが、そのかけ橋として、この第４章では３つの事例で本書の内容を振り返ってみようと思います。皆さんも、自分ならどう考え、どう援助していくのか、想像しながら読んでみてください。

<事例1>

病院に勤務する理学療法士のDさん

Dさんは、Eさん(50歳)のリハビリテーション(以下、「リハビリ」という)を担当しています。

営業でバリバリ外回りの仕事をしていたEさんは、１か月前に交通事故で左足を複雑骨折してしまいました。何とか少しずつ回復していますが、まだ杖なしでは歩けない状態です。

今は苦しくてもきちんとリハビリをして、本来の足の機能を取り戻したいところなのですが、Eさんは、リハビリに消極的に見えます。

少し歩いただけで、「疲れた、杖を使う腕も逆足の右足も痛い」と言ってはすぐに休憩して、リハビリがはかどりません。リハビリ中も「仕事が生きがいだったのに、足が痛くて、もう外回りの営業はできない」と愚痴をこぼしたり、ムッと黙ったま

まになったりして、コミュニケーションもとりづらい雰囲気です。調子が悪いと言って、リハビリを休むこともあります。

Ｄさんは、Ｅさんは今の状態でもある程度のスピードで歩けるはずだし、もう少しきちんとリハビリしていけば、きっと杖なしでも歩けるようになる、今が大切なときで、まだ小学生の娘さんもいるんだから頑張ってほしい、と思っています。しかも、Ｅさんの会社は、「まずは外回りのない事務仕事で復職を」と配慮をしてくれているそうです。

そろそろ退院も近づいてきているので、少し焦ってきたＤさんは、先日のリハビリのときに「Ｅさん、もっと頑張らなくちゃ！　ちゃんとリハビリしないと足が動かなくなってしまいますよ」と励ますつもりで少し強い口調で言ってしまいました。

Ｅさんは少しうつむいていたのですが、顔をあげると同時に「俺の気持ちなんかわかってたまるか！」と大声で怒鳴ったのです。周囲の人も驚いて、作業を止めて見ています。Ｄさんは、すぐに謝ったのですが、Ｅさんは、病室に戻ってしまいました。

Ｄさんは、それ以降、Ｅさんのことが怖くなり、必要なこと以外、話しかけられなくなってしまいました。

リハビリすれば治るのに、どうしてＥさんは頑張ろうとしないんだろう？　主治医に相談しても「本人がやる気にならないことには、どうにもならない」と言います。Ｄさんはもともと、患者さんと話すのが得意ではありません。一度怒られてからＥさんがすっかり苦手になり、Ｄさんのなかでは、Ｅさんは「すぐ怒る、やる気のない人」になってしまいました。これからどのように援助をしていけばよいのか悩んでいます。

● ここで解説

さて、皆さんなら、どうしますか？

第２章でお伝えしたように、対人援助で重要なのは、「方法論より感情問題が優先する」(p.42)ということです。

Ｄさんは人と話すことの苦手感から、うなずきや要約などのMC３のスキルが弱く、Ｅさんの「味方」にはなれていなかったのではないでしょうか(「思っただけでは伝わらない」p.4)。

Ｅさんは、多忙で一生懸命営業していたなかで交通事故に遭い、「会社に迷惑をかけてしまった。会社に戻ってもこの足では思うように営業ができない。家族をどうやって養っていこうか」と、不安と自責感、無力感でいっぱいなのです。１か月経つのにあまりよくならないし、退院が近づいてきて、不安で眠れないほどです。リハビリが必要だということは十分わかっているのですが、やればやるほど体がきつくなる感じがして、さらに不安が募っている状態なのです。

こんなとき、Ｅさんに必要なのは「ただリハビリをしてくれる人」ではなく「気持ちをわかってくれる人」「苦しみをわかってくれる人」です(「そもそも相手のニーズに応えているのか」p.36)。理学療法の知識やスキル、励ましを提供する前に、「味方」の関係になることが必要なのです。

Ｄさん自身が「自分だったら頑張るのに」と思っていると、なかなか味方になれません。Ｅさんは今、感情の２段階。退院が近づいて不安が強くなっているので３段階になる日もあるでしょう(「感情の３段階モデル」p.60)。イライラ、不機嫌、自信もなくなって、将来が過剰にネガティブに見えています。

そんなＥさんにとって、Ｄさんの励ましの言葉は、「変われ」Ⓜであり、「責められた、わかってくれない」という思いを刺激してしまったのです。

Ｄさんは、Ｅさんの表面的な言葉の裏にある「わかってほしい」「俺だって不安なんだよ」というメッセージを理解して、まずはＭＣ３でしっかり味方になることから関係を修復していく必要があります。

「ＭＣ３」を復習したＤさん。その後の援助はどう変わった？

Ｄさんは、リハビリに来てくれたＥさんを温かい眼差しと笑顔で迎え入れ、先日

のことを再度謝りました。また、Ｅさんの何気ない入院生活の話にも、うなずきとあいづちを打つなどして、「聞いてるよ」Ⓜを送り続けました。すると、Ｅさんも少しずつ、不安で苦しい気持ちを話してくれるようになってきました。Ｄさんはそこでも、「責めないよ、変わらなくていいよ」Ⓜから、「苦しかったね」Ⓜを、うなずきやあいづち、要約を使って返していきます。ゆっくり時間をかけ、「味方」関係ができるまでは、アドバイスはせず、今できていること（今日もリハビリに来た）を認めて、「頑張っているね」Ⓜを送りました（「心理的ケアにはコツと手順がある」p.64）。

Ｄさんの態度が変わったことで、Ｅさんにとってもリハビリの場が「弱音を吐いても否定されない安心の場」になり、リハビリも休むことなく継続でき、杖はまだ必要ですが、体の痛みも減ってきて、無事退院し、復職もできました。

Ｄさんにとって「MC３」は、何だか本心ではない大げさなもののようで、居心地の悪いものでしたが、不機嫌で警戒されていたＥさんがどんどん話してくれるようになり、「MC３」が心理的ケアのために効果的なスキルだということを実感できる体験となりました。

ここで解説

このように対人援助において、まずは「味方」の関係を作って相手に安心してもらうことが大切なのです。どんなに「リハビリをすればよくなる」と正論を伝えても、受け取る側の感情が２段階・３段階の状態では、受け入れられないのです。苦しみを理解し、感情をケアしたうえで、できることを一緒に探していく、その過程が大切なのです。

<事例2>

就労移行支援事業所に勤務する生活支援員のFさん

Ｆさんが担当するＧさん(23歳)は発達障害があり、大学卒業後就職した会社で、うつ病を発症し、出勤できなくなり退職しました。今は、次の就職を目指して就労移行支援事業所で訓練を受けています。

主治医からは「障害者手帳の取得を考えては？」とアドバイスをされましたが、Ｇさんは気が進まないようです。

一般企業を希望してもなかなか就職が決まらず、障害者枠であれば、可能性は少し広がりそうなのです。でも頑なに一般企業を探し続け、やっと１社、半年の試行期間を設けた就職先が見つかりました。

仕事はパソコンを使ったプログラミングと電話での客先対応です。本人も張り切って勤務を続けていましたが、３か月を過ぎた頃から元気がなくなってきたので心配していた矢先、Ｆさんに会社から「Ｇさんは全然仕事ができないし、最近は無断欠勤している。SNSで週末ごとに旅行に行った記事をアップしているようだ」と連絡が入りました。

ＦさんがGさんに話を聞いたところ、「プログラミングの仕事はどうにかなるが、仕事に慣れてきたら、客先からの電話も受けて対応するように言われ、それが難しい。緊張して頭がまっ白になり、言われたことも忘れてしまう。小旅行をして何とか気分転換をしている。無断欠勤ではなくちゃんと連絡を入れている」と話し、念

のため希死念慮を確認したところ、「時々ある」とのことでした（「死にたい気持ちへの対応」p.120）。

Ｆさんは MC３で、再度「味方」の関係を補強し、Ｇさんの今のつらい状況をしっかり受け止め、そんななかでもよく頑張っていることを伝えました。Ｆさんは、はたらいて３か月が経過し、仕事に慣れてくれば、同時に溜まった疲労が出てくる頃であることも理解しています。それをＧさんに丁寧に説明しました。

Ｆさんは会社に連絡して、「疲れが出てくる頃なので、３日間休ませ様子を見てほしい」と伝えると了承してくれましたが、休むときに連絡がなく、無断欠勤となっている。また、それが続くようであれば本採用は難しい、と言われました。

「Ｇさんは、休むときは、きちんと連絡していると言っていたのですが……」と確認したのですが、どうも無断欠勤は本当のようです。Ｆさんは、Ｇさんにうそをつかれたことにショックを受けました（「うそへの対応」p.126）。それでも気を取り直し、「会社に連絡して３日間休んでよいことになった。睡眠をしっかりとって休養することが大事」と伝えたところ、Ｇさんは「客先対応もしないですむように、Ｆさんから会社に言ってくれませんか」とすっかり依存的になってしまいました（「依存関係について」p.132）。

同僚や上司に相談したところ、「発達障害があるので障害者枠での就職をすすめるべき。客先対応は臨機応変の連続でＧさんには無理。うそもつくとなると人間性にも問題があるかも。疲れるたびに休ませていたら癖になる」と言われてしまいました（「上司や先輩の指示で迷うとき」p.51）。

これまでも何度か障害者枠の就職をすすめていましたが、Ｇさんは頑なに拒否してきました。Ｆさんは、「もう説得できない。うそもつかれ、信用もしてもらえていない。この先も会社とＧさんの間で振り回される……。私、この仕事に向いていないかも……」と、自信がなくなり、対人援助の仕事を辞めたくなってしまいました（「援助したいと離れたい」p.108）。

ここで解説

Ｆさんはちょっと八方塞がりになっていますね。本書で学んだように、まず味方の関係を作り、トラブルの原因が疲労であることを見抜いて、それをきちんと本人にも説明して、本人にはやる気を取り戻してもらいました。

ところが会社に休みを掛け合ったところ、どうもうそをつかれていたことが発覚。さらにGさんから依存的な要求も受け混乱してるところに、上司からは厳しい対応を迫られました。皆さんはこの時点でどんなことを考えているでしょう。

困難な状況はもう変わりそうもないので、「私も辞めたくなる……」と言う人もいるかもしれません。

私がもしFさんのコーチなら、Fさん自身が少しパニックになって疲れているので、ちょっと刺激から離れて休息をとること。また、Gさんも上司も会社も変わらないと思ってるかもしれないが、人も組織も変わるもの、という価値観を伝えて、一旦問題を考えるのをやめて、数日休養をとることをアドバイスするでしょう。

しっかりと休んだFさんのその後の援助

コーチのアドバイスを受け、Fさんは3日間休んでしっかり睡眠をとりました。そのあとで、Gさんと再び面談しました。

GさんもFさんの提案通り、睡眠と休養をしっかりとって少し元気になっていました（「体調を整え、疲労を回復させる」p.76）。

信頼関係ができていることを信じて、FさんはGさんと今後のことを話し合いました。Fさんが落ち着いて話を聞いてくれているので、Gさんも本音を話せるようです。

「障害者枠での就職のほうが仕事は継続できる可能性が高いことはわかっているけれど、障害者手帳を取るということは、自分が"障害者"だということを突きつけられる。まだ受け入れたくないのだ」と話してくれました。

Fさんも、Gさんの気持ちを尊重し、それならば今試用されている会社で頑張っていこう、本採用されるためにどうすればよいか考えよう、自分も一緒に考えたいと思っていることを伝えました（「否定しない」「自己開示」p.114、「企図の明示」p.116）。

本採用されるためには、無断欠勤しないことが最低条件（「うそへの対応」p.126、週末の休養の大切さ（「休み方のスキル」p.81）であることも話し合いました。

Gさんは電話対応が苦手ですが、会社の要請でやらなければなりません。最初は受話器を取って用件を聞き、担当者につなぐということから始めてみることにしました（「アドバイスの技術」p.118）。

こうした努力が実ってか、半年後、Gさんは本採用になりました。電話対応は得意ではありませんが、わからなくなったら一旦切ってかけ直す、忘れないようにメモを取って確認するなどの対策をしました。時々体調を崩して休むこともありましたが、有休の範囲内です。就労定着支援でFさんと面談する際も、愚痴はこぼしますが依存的ではなく、自分で対処できているようです（「並走する援助」p.138）。

Fさん自身は、今でも自分の援助がうまくいかず、行き詰まったり、ケース会議で正論や方向性が違う意見を言われると、この仕事に向いていないかも……と自信がなくなり、辞めたくなることがあります。援助職は、体力も精神力も使い、とてもハードな仕事です。だからこそ、相手を支えるときと同様、自分の疲労、心の状態にも目を向けケアしていこうと思っています（「援助したいと離れたい」p.108）

ここで解説

今回の事例では、Fさんは、MC３で対応しながら、自分のケアも行って、うまく援助ができたようです。

皆さんも似たような状況になったときには、「対人援助は、余裕があるときにしかできない」ということをしっかり頭に入れて、困ったときは「MC３」を思い出し、対応してみてください。

<事例3>

中学校に勤務する教諭のHさん

Hさんは中学3年生Iさんの担任です。Iさんは、最近元気がなく、休んだり体調が悪いと保健室に行くことがたびたびあります。受験まであと半年という大事な時期です。どうしたのか理由を聞くと、1週間前の放課後、学校のトイレに閉じ込められてしまった、と言います。

Hさんは「ひょっとしていじめ？　自分のクラスでいじめが起こるなんて！」と焦って「校長先生や親に報告しなければ！」といろいろなことが頭を駆け巡ります。誰にいじめられたのか、どんな理由なのかと細部を聞こうとしますが、Iさんは泣いて「心配されるから、お母さんには言わないで」「学校に来たくない」と繰り返すばかりです。

Hさんは「そうは言っても今は大切な時期、なんとか頑張らないと！」とIさんを励ましたくなってしまいます。

ここで解説

さて、皆さんがもし、Hさんの立場だったら、こんなとき、どうしますか？

Iさんは今、ショックな出来事の後で落ち込んでいます。学校で一番の援助者は担任です。親にも言いたくない出来事であれば、なおさら、味方になって援助する必要があります。

まず、何が起きたのか、どんな経験をしたのか、できるだけ細かく聞いていきましょう。

MC 3を使ったHさんの援助

Hさんは、Iさんが「自分のせいで」「こんなことで落ち込んでいる自分」と、自分を責めている状態なので、「MC 3」を駆使して、「それは大ごとだね」「聞いているよ」「責めないよ」「(そんな風に思っている自分は)変わらなくていいよ」Ⓜを出しながら、話を聞いてみました(「惨事に遭った人への援助」p.140)。

「Iさんが放課後、図書室で一人で勉強して帰ろうとした夕方16時過ぎ、トイレに入っていたらドアをバンバンと叩かれ、驚いて出ようとしたら、ドアが開かず、女子の笑い声と走り去る足音が聞こえた。2人くらいだったと思う。『出して！　やめて！』と叫んだが、誰も来なくてトイレのドアをよじ登って脱出し、帰宅した。なぜ自分がそんなことをされるのか、全く心当たりはないけれど、また何かされるのではないか、犯人はわからないし、自分ではどうにもできない。あれから、みんなが敵に見えてしまう。自分がどう思われているのか、気になって勉強も手につかず、夜も眠れない。学校ではトイレに行くことが怖くなり、食事も水分も摂らないでいたら具合が悪くなって保健室に行った」とのことでした。

ここで解説

つらい体験を詳しく聞くのは、つらい気持ちを思い出させてしまい傷つけるのではないかと、気が引けてしまう援助者が多いのですが、安心できる場であれば、相手はむしろ話したいのです。

Hさんは、詳しく聞くことで同じ体験を共有する「仲間」になり、「そんなことがあったら、学校に来れなくなっても仕方ないし、そんなことをされる心当たりがないなら、なおさら(警戒するために)自分がどう思われているのか、気になって勉強が手につかなくても、無理もないよね」と、「味方」メッセージを積み上げて、一人ではない、「味方」がいる、一緒に考えてくれる人がいることをわかってもらい、Iさんに安心してもらいました(「心理的ケアにはコツと手順がある」p.64)。

学校に行きたくないのは回避症状で、弱いわけでも怠けているわけでもない。閉じ込められたときの恐怖、笑い声を思い出すのも(侵入)、疑心暗鬼になって眠れな

いのも（過覚醒）、ショックな出来事の後には、誰にでも起こる症状であり、つらいけれど正常に体が機能していること、そしてそれは徐々に収まっていくものであることを説明してあげたところ、Iさんは、ほっとした顔をしていました。

ここで解説

Iさんのように、受験勉強で疲れているところに、ショックな出来事が起きると、惨事の反応も大きくなります。Hさんとしては、受験のことが気がかりです。しかし、受験勉強が最優先課題であったとしても、まだ反応が高い状況で「負けないで勉強頑張ろう！」は、Iさんの負担を大きくし、回復を妨げてしまいます。

一旦休養することが大事ではありますが、Hさんは、そこも押しつけず、Iさんと相談しながら「できること」を探っていったところ、今週末だけは勉強もお休みして、しっかり寝ることにしました（「アドバイスの技術」p.118）。

つらい体験のことを担任に話ができ、応急的にも睡眠を十分にとれたIさんは、それ以降、保健室に行くこともなく、受験勉強にも集中できるようになりました。

ここで解説

現在の教育の場は、報告、連絡、相談が厳しく求められます。校長先生や親に報告することはもちろん大事なことですが、何の判断もなく行動してはいけないと思います。

本件でも、Hさんは、何をどこまで報告をするか悩みました。「先生は内緒にするって言ったのに、親に筒抜けだった」ということでは、信頼関係が崩れて、生徒がどこにも心の内を打ち明けるチャンネルがなくなります。緊急性やその後の状況などを見ながら、「報・連・相」より味方感を優先する判断もありうるのです。

しかし、このような状況判断をするときは、先輩や仲間に相談したいものです。不安や責任を一人で抱えていては、判断を誤りがちです。Hさんには、先輩のJさんが冷静なアドバイスをくれました。援助者自身も安心できる仲間、場を持つことが、とても大切です。

第4章のまとめ

- 援助関係は、「敵」認定を緩めるところから始まる。よかれと思うアドバイスも、相手の「受け取れる範囲」を超えていれば「攻撃」になる
- 一旦関係を崩した場合は、自分の非を素直に詫びて、もう一度相手の話をしっかり聞くことからやり直す
- 相手にうそをつかれたり、裏切られたりした感じを持っても、「人はそもそも一貫しないもの」「行動には必ず何らかの背景がある」ことを思い出し、どうしてそうしたのかを、率直に聞いてみる
- 上司や先輩などから指導や意見をもらったからといって単純に従うのではなく、現場の状況を見極め、しっかり考えたうえで、ベストの選択をするようにする。そのとき、できれば信頼できる先輩や仲間のアドバイスを受けたい
- 困難事例を援助するときは「並走する援助」を思い出す
- 悲惨な出来事に遭遇した相手には、経験した事柄を丁寧に聞き、惨事反応は「苦しいが、人として普通の反応であり、その苦しみも時間限定である」ということを伝える
- 相手の状況や環境も刻々と変化していくので、「試行錯誤」しながら支えていく

さて、ここまで読み進めていただいた皆さんに、最後に強調してお伝えしておきたことが2つあります。

1つ目は、このような本で得られる知識を過剰に信じすぎないことです、あくまでも皆さんが行動に移す、あるいは考えるための1つのヒントでしかないということです。答えは常に現場にあります。そして現場の答えは「試行錯誤」でしか見つけることができないのです。

一人でも答えを見つけられた「学生時代の勉強」とは異なり、自分だけで勉強しても見つからないからこそ、周囲の人たちの意見を上手に聞いてみるなど、学習スタイルを変えていく必要があるのです。

2つ目は人や課題についての正しい期待値を磨くということです。

相手を変え、スッキリ問題を解決したいと思うかもしれませんが、人はなかなか変わらず、問題も簡単にはなくならないことが多いのです。また、私たち一人ひとりの力には限界があるものです。自分の持つ過剰な期待値を、現実的な期待値に変えていくことが重要なのですが、その過程で、「諦める」という大問題に取り組まなければなりません。

「諦める」ことより、頑張り続けることのほうが簡単なのかもしれませんが、人は万能ではないので、どうしても諦める作業が必要になるときが来ます。自分に関する諦めだけでなく、援助する相手の諦めを上手に支えていくことも必要になります。「努力を続けながら、時には諦める」。それを通じて人に対する適正な期待値を磨いていくのです。また、諦めたときに、投げやりになるのではなく、しぶとく次の目標を見出していくバランスも必要です。

現場で「できる人」「頼りになる人」というのは必ず適正な期待値と、程よいバランス感覚を持っているものです。最後に、皆さんのさらなる成長を祈念して、私たちがとても大切にしている言葉を贈ります。

> 神よ私に
> 変えられるものを変える勇気と
> 変えられないものを受け入れる冷静さと
> その2つを見極める知恵を与えたまえ
>
> 神学者ニーバーの祈り

●参考書籍一覧

本書の学びを深めるために、以下の書籍もおすすめします。

●メンタルレスキュー協会（著）、下園壮太（監）『クライシス・カウンセリング』金剛出版、2018年

●メンタルレスキュー協会（著）、下園壮太・小野田奈美（監）『クライシス・カウンセリング（上級編）―戦略的カウンセリングスキルとうつの社会復帰支援』金剛出版、2020年

●下園壮太・前田理香（著）『家族が「うつ」になって、不安なときに読む本』日本実業出版社、2022年

●下園壮太、高楊美裕樹（著）『「死にたい」気持ちに寄り添うーまずやるべきことしてはいけないこと』金剛出版、2023年

●下園壮太（著）『元自衛隊メンタル教官が教える 心を守るストレスケア』池田書店、2021年

おわりに

自分自身のケアを大切に

対人援助をする際に一番重要なツール（道具）は、自分自身です。

さまざまな知識やスキルを身につけても、自分自身が安定していないと、相手に安心感を持って援助内容を受け取ってもらうことはできません。

スキルや知識を磨くのと同等に、あるいはそれ以上に、自分のケアが必要なのです。

まずは本書でもお伝えしたように、疲労のケアを意識してください。人のために頑張っていると、知らない間に疲労の２段階・３段階に陥り、よい援助ができない「状態」になってきます。

もう1つ大切なのは、「自信」のケアです。

援助をしていると、「援助したいVS離れたい」問題（p.108）だけではなく、「しっかりかかわりたいVS早く終わらせたい」「一人で責任を持って成し遂げたいVS誰かの援助を受けたい」などの葛藤や、「ほかの援助者はできているのに自分だけできていない」「いくらやってもなかなかうまく成果が出ない」など、自信を失い、自分を責める思考が生じがちです。

援助の経験が増え、「人データ」が集まり、それを自分自身にも適応できるようになると、「いろいろな気持ちがあってもよいのだ」「できるときとできないときがあるのだ」「苦手な人がいてもよい」「ほかの人のようにできなくてもよい」などと、自分を許せるような大人の心の強さ（p.103）を育むことができます。

ただ、その経験を積むためには、かなりの時間が必要です。その間、援助者の皆さんの大きな力になるのは「仲間の力」です。

人は一人でいると、どうしてもネガティブな思考にとらわれやすくなります。同じ志を持ち、同じ環境で働く人とコミュニケーションをとることで、ポジティブな気持ちで援助を続けることができるようになります。

ぜひ積極的に仲間を作り、自己開示し、時には助けてもらい、時には自分が助けとなる関係を築いてください。そうすれば自然と第３の自信が強化され、援助のときの動揺も少なくなり、モチベーションもキープできるでしょう。

対人援助の道を志した皆さんが、その尊い志をできるだけ維持して、他者のため、そして自分のためにも有意義な日々を過ごされることを願っています。

2023年8月

下園 壮太・伊藤 文

索引

あ～お

か～こ

さ〜そ

た〜と

な〜の

は〜ほ

ま〜も

や〜よ

ら〜ろ

数字・欧文

著者紹介

下園 壮太（しもぞの そうた）

NPO法人メンタルレスキュー協会理事長／元陸上自衛隊心理教官

陸上自衛隊初の心理幹部として多数のカウンセリングを経験。その後、自衛隊の衛生科隊員（医師、看護師、救急救命士等）やレンジャー隊員等に、メンタルヘルス、カウンセリング、コンバットストレス（惨事ストレス）対策を教育。わが国初の試みである「自殺・事故のアフターケアチーム」のメンバーとして、約300件以上の自殺や事故にかかわる。
2015年8月退職。その後はNPO法人メンタルレスキュー協会でクライシスカウンセリングを広めつつ、産業カウンセラー協会、自治体、企業、大学院などで、リーダーシップ、メンタルヘルス、カウンセリング、感情のケアプログラム（ストレスコントロール）などについての講演・講義・トレーニングを提供。著書は50冊以上。
公式HP: http://www.yayoinokokoro.net/

伊藤 文（いとう ふみ）

看護師／公認心理師／NPO法人メンタルレスキュー協会MRインストラクター

看護師として主に救急病棟勤務後、2008年より産業カウンセラーとして主に自治体、企業にて健康管理およびカウンセリング、休復職支援、メンタルヘルス研修を13年間実施。
現在は公認心理師として、大学生、企業の社員のカウンセリングおよびNPO法人メンタルレスキュー協会にてクライシスカウンセリングを学びながら、カウンセラー育成、研修に携わっている。心と体は切り離せないが、医療、看護の視点と心理職としての視点、両方の視点でサポートを続けている。

イラストと図解でよくわかる
対人援助職のための相談支援スキル図鑑

2023年 9 月10日　発行

著　者　　下園壮太・伊藤文
発行者　　荘村明彦
発行所　　中央法規出版株式会社
〒110-0016
東京都台東区台東3-29-1 中央法規ビル
TEL 03-6387-3196
https://www.chuohoki.co.jp/

印刷・製本　　日経印刷株式会社
装幀デザイン　　日経印刷株式会社
本文・DTP　　高房美幸
本文イラスト　　小松聖二

ISBN 978-4-8058-8931-2

定価はカバーに表示してあります。落丁本・乱丁本はお取り替えいたします。

本書の内容に関するご質問については、下記URLから「お問い合わせフォーム」にご入力いただきますようお願いいたします。
https://www.chuohoki.co.jp/contact/